萧乾 主编

新编文史笔记丛书

第一辑

1

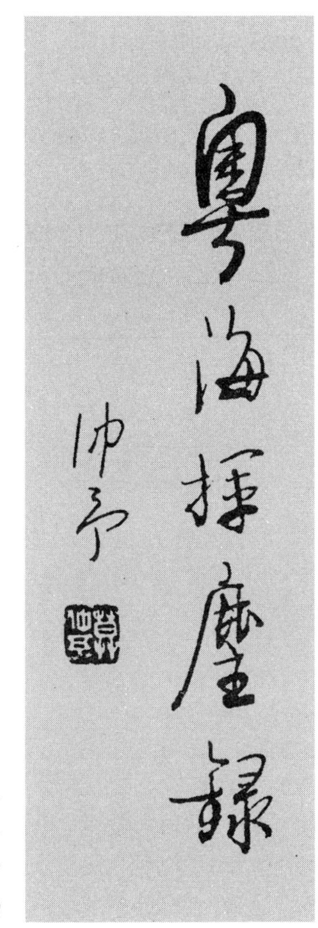

◎广东省文史研究馆 编

●李俊权 莫仲予 黄炳炎 主编

中華書局

图书在版编目(CIP)数据

新编文史笔记丛书/萧乾主编;中央文史馆编. —北京:中华书局,2005(2018.4 重印)
ISBN 978-7-101-04920-6

Ⅰ.新… Ⅱ.①萧…②中… Ⅲ.笔记-中国-古代
Ⅳ.Z89;K220.66

中国版本图书馆 CIP 数据核字(2005)第 151642 号

书　　名　新编文史笔记丛书(50 册)
主　　编　萧　乾
责任编辑　张　宇　余　喆
出版发行　中华书局
　　　　　(北京市丰台区太平桥西里 38 号　100073)
　　　　　http://www.zhbc.com.cn
　　　　　E-mail:zhbc@zhbc.com.cn
印　　刷　北京瑞古冠中印刷厂
版　　次　2005 年 12 月第 1 版
　　　　　2018 年 4 月北京第 2 次印刷
规　　格　787×960 毫米　1/32
　　　　　印张 317
印　　数　2001-5000 册
国际书号　ISBN 978-7-101-04920-6
定　　价　600.00 元

重印说明

光阴荏苒,《新编文史笔记丛书》(4辑,全50册) 自1994年全部出齐至今已经十几年了。这套丛书500多万字,4000多篇文章,近4000个作者,真可谓是“煌煌巨制”了。她一出名世,风行全国,且获得港台读者、出版业的青睐,第一辑一出版,即荣获第七届中国图书奖。

十几年来,我们生活的这个世界发生了巨大的变化,我们的祖国也发生了日新月异的变化,今天,我国图书出版业每年要出版15万种图书,在茫茫书海中,经十几年时间的检验,我们这套丛书依然有着他加大的生命力,我们想大概有这样几个因素:

一是她的体裁形式。按我国传统的史学分类,文史笔记属“野史杂记”范畴,这个称呼是相对于“正史”(官修史书,如“二十四史”),而言的,正如本书主编萧乾先生所言:“野史大多是信手拈来的历史片断,且往往出自亲历者之手,文直事核,不虚美,不隐恶。”同时她还可以补“正史”之足。“看野史杂记,可更容易了然了,因为他们不必摆史官司架子。”(鲁迅语)所以这种体裁形式为大众所喜爱。

二是内容。因为这套丛书是以清朝末年至1949年的历史为撰写内容的,这段历史是我们祖国发生翻天覆地变化的历史时期,其间有多少轰轰烈烈的历史事件,有多少可歌可泣的杰出人物,有多少可歌可泣的事迹,以这段历史为内容的笔记,是多么吸引人,这段历史又是多么发人深思呀!

三是作者队伍。丛书作者是全国各省2000多位文史馆馆员和各地文史馆所联系的社会人士,他们都是社会各阶层各领域历尽沧桑的知名人士,他们的亲历、亲见、亲闻都是弥足珍贵的鲜活史料。同时,我们的丛书编者在择稿上是以“史料一定要真,内容一定要新”为标准的。

四是文风。一事一篇,每篇千字为度,朴实无华,短小精悍,生动活泼。编者主旨在于“力图借此在文风方面提倡一下简约”。

有以上几个因素,这套《新编文史笔记丛书》,虽然尚不能称之为“名山之作”,但也可传之于“通邑大都”了。这就是这套丛书出版十几年来一直为大众所喜爱,我们今天决心重印的原因所在。

这次重印，我们改正了个别排印错误，对极个别的篇章做了小的删节，基本保持了丛书的原貌。

在丛书即将重印付梓的今天，我们的丛书主编萧乾先生、副主编启功先生和一些丛书作者已经永远离开了我们。“人已古兮山在，泉无心兮道存”，我们要发扬他们的精神，继承他们的事业，为弘扬祖国文化而努力。重印这套丛书也深深寄托了我们对先贤的怀念之情。

2005年8月

目　录

文教述零

艺苑丛谈

人物春秋

胜游稽古

榕荫记逸

民俗民情

侨俗侨情

新编文史笔记丛书

文物钩沉

港澳旧闻

序

萧　乾

读书界向来对野史有所偏爱。野史大多是信手拈来的历史片断，且往往出自亲历者之手。文直事核，不虚美，不隐恶，而文笔潇洒自如，意味隽永，自然朴实，篇幅不长；可以摊开来仔细咀嚼，也可供茶余酒后、行旅倥偬中，随手浏览。

鲁迅在《华盖集》中，曾几次对野史表示过好感。在《忽然想到》一文中写道："历史上都写着中国的灵魂，指示着将来的命运，只因为涂饰太厚，废话太多，所以很不容易察出底细来。正如通过密叶投射在莓苔上面的月光，只看见点点碎影。但如看野史和杂记,可更容易了然了,因为他们究竟不必太摆史官的架子。”又在同书《这个与那个》一文中说:“野史和杂说自然也免不了有讹传,挟恩怨,但看往事却可以较分明,因为它究竟不像正史那样地装腔作势。”

全国文史研究馆所编的《新编文史笔记》丛书,内容也属野史杂说的范畴。我们希望这些以亲闻、亲见、亲历为主的轶事掌故、琐闻杂记,写人、事而摒除误会曲解,述历史而符合真实面目。

作为一种短隽有味,文字清奇而又雅俗共赏的文学体裁,笔记在中国具有悠久的传统。它始自魏晋,盛行于宋代。南朝刘义庆的《世说新语》,北宋沈括的《梦溪笔谈》,南宋陆游的《老学庵笔记》,明朝张岱的《陶庵梦忆》,清朝纪昀的《阅微草堂笔记》以及20世纪30年代初丰子恺的《缘缘堂随笔》,都是文学史上的奇葩。然而,近年来笔记乏人问津。因此,我们出这一套书,也包含着挽回颓势之意。

全国三十二所文史研究馆拥有雄厚的稿源,两千多位馆员和各馆联系的社会人士,都是丛书的撰稿人。他们都是文史界的耆宿,见多识广,阅历丰富:有的反对过帝制,有的在“五四”运动中扛过大旗,他们目睹过军阀的横行霸道,也经历过艰苦卓绝的八年抗战。这些历尽沧桑的饱学之士,他们的所见所闻,都是弥足珍贵的史料。

本丛书分辑出版，分别由各地文史研究馆编辑，内容亦以本乡本土为主。因此，各册势必具有浓厚的地方色彩。

本着笔记固有的传统，所收各文题材不嫌庞杂。举凡与文史有关的政治、经济、军事、文化、社会等方面，或记闻见杂事，或叙往昔交游，或忆社会百态，均在搜罗之列。时间跨度则自清末以迄1949年为止。这正是中华民族从闭关自守到走向世界，从落后羸弱到奋发图强，是天翻地覆、风起云涌的大半个世纪。其间，发生过多少可歌可泣的事迹，涌现过多少杰出的人物。以这一时间跨度为背景题材写出的笔记作品，必然是内容最为丰厚的。

在选稿标准上，我们坚持史料一定要真，内容要新；既要防止以讹传讹，也力避炒冷饭。在写法上务求短小精悍、生动活泼。每篇以千字为度，希望借此在文风方面，提倡一下简约。在版式上，则想做到既利于阅读，又便于携带。

恳切希望文史界方家及广大读者，不吝赐正。

孙中山加入洪门致公堂

李汉秋

1896年,中山先生首次到旧金山宣传革命。当时美洲华侨对中国国内的情况不大了解,加上各顾谋生,对于政治颇多疑虑,所以响应者寥寥无几。后来,他同曾在檀香山学医时的同学郑弼时(号士良,洪门首领之一)谈到洪门致公堂的情况,了解到洪门"反清复明"的宗旨是"义气团结,忠诚救国,义侠除奸"三大信条,以及致公堂在美洲的组织发展规模,深感洪门致公堂是一股革命潜力,毅然加入致公堂。

根据现在仍存美国檀香山致公堂的入盟名册

记载，中山先生是在夏历癸卯年十一月念四日(1904年1月11日)加入致公堂的。名册上作如下记录:“香邑　孙逸仙　领票　钟国柱保。”由代香主江玉璋、先锋陈元发主持入盟仪式。中山先生加入致公堂后,受封“洪棍”(即大元帅)职务。从此,洪门人士称他孙大哥，美洲华侨也这样称呼他,至今,美、加华人中仍有此称谓尊称中山先生的。

孙中山为致公堂重订新章程

李汉秋

中山先生于1904年5月在旧金山向致公堂总堂提出举行全美洪门成员总注册的建议，并为致公堂重订新章程共八十条。

新订的《纲领》中开宗明义:“本堂以驱除鞑虏,恢复中华,创立民国,平均地权为宗旨。……本堂以协力助成祖国同志施行宗旨为目的。……凡国人创立各会党，其宗旨与本堂相同者，本堂当认作益友,互相提携,其宗旨相反者,本堂当视为公敌,不得附和。”同时,还规定了注册报名、交费领牌、公举职员、支堂为总堂领导、委员归总理节制和职员任期等等一系列组织原则。

根据《纲领》的宗旨和组织原则,中山先生为洪门“三大信条”作了新的阐明:“义气团结——联合大群,团集大力,以捍御祸害,周恤同人；忠诚救国——联合大群，团集大力，以图光复祖国，拯救同胞；义侠除奸——联合大群，团集大力，以先清内奸而后除异种。”

在重新制订章程中，中山先生充分尊重洪门的感情，遵守洪门的规矩，行礼入闱，照办如仪。对一些旧规矩赋予新内涵，既坚持了革命的原则性，又体现了灵活性。

致公堂走上支持革命的道路

李汉秋

1904年3月，中山先生从檀香山乘船到旧金山，因清朝领事何祐告密，被当局阻止登陆。幸好在他启程时，檀香山致公堂已电告旧金山致公堂首领黄三德。黄往接船时，得知中山先生被困于码头木屋，便会同《中西日报》社长伍盘照延聘律师向当局交涉，十七天后才获释入境。这次中山先生到美国，由于得到致公堂的支持，同上次抵美的处境大不一样：住在致公堂内，从4月到8月间，由黄三德陪同到各埠宣传革命，得到大多数华侨拥护；还在《中西日报》重印邹容的《革命军》一万一千册，分寄各地，鼓动革命思潮；又改组致公堂主办的《大同日报》，使之成为革命喉舌。美洲致公堂还变卖堂产作为革命经费。

1911年，国内革命风起云涌，美洲华侨革命

觉悟程度也大大提高。为利于汇合华侨的革命力量,中山先生指示美国的同盟会,动员会员加入致公堂,并与黄三德商量,要求致公堂释除门户之见和繁琐仪式,斟酌改良意见,接纳同盟会会员。经过商议,三藩市中国同盟会与美洲大埠致公总堂,于夏历五月二十二日(1911 年 6 月 18 日),分别在《大同日报》和《少年中国晨报》上刊登布告。同盟会动员凡未加入致公堂的会员一律参加,以成大群,合大力,共图光复大业。致公总堂则要求各地洪门组织与同盟会联合,结成大团体,匡扶革命事业,让同盟会员一律入闸。各地洪门组织“备极欢迎,开特别接贤之礼,以示优遇;尽释从前门户之分别,翼赞将来光复之伟业,扫除清廷专制恶害”。同盟会与致公堂进一步联合成推翻清朝的革命统一阵线,为团结广大华侨赞助祖国革命事业,起到积极作用。

孙中山和张竞生

吕　器

1909 年暮春,孙中山于西南举义六起六跌之后,避居新加坡。时“党内有讧,胡氛黑暗”,党外又有保皇党捣乱,革命党一时陷入窘境。一天,当地保皇党喉舌《南洋总汇报》登出一则耸人听闻的消息说:“清廷新从广州派遣来刺杀孙中山的一个刺客，已抵达星洲。”报上还把刺客的仪态、特征、口音勾划了出来。

正当消息耸动一时的当儿，有一少年来到孙的住处，要求面见。来客的仪态、特征与报上所载无异，这便引起在孙周围的革命同志的警觉。通过详细盘查了解，那少年才从夹背心上取出一颗铜纽扣，孙中山剥开铜纽扣，取出纸卷，通过显影，才知道是南方革命同志捎来的情报，不是什么刺客。原来客人是个新从广州黄埔陆军小学堂逃亡出来的学生张公室，因从小受孙革命思想的影响，带头剪辫闹学潮而被开除的。革命党人陆小刚、监督赵声嘉其志，特秘密介绍，并交带重要情报至新加坡谒孙中山。

孙喜其年少有为，派张潜入北京，藉就读北京讲武堂作掩护，参加京、津、保同盟会。1910年与汪精卫、喻云纪、黄复生合谋行刺摄政王载沣未遂，汪被囚，张则组织营救小组，以汪妻表弟身份，常去探监，企图使汪越狱。并秘密在京城要津遍贴告示，声言“如敢处决汪精卫，决以百倍之血偿还之”。

武昌起义后，汪被释，深感张之热肠，并盛赞其过人胆识与才德于孙中山。后张公室任南北议和秘书。民国成立后，南京政府稽勋局遴派革命青年二十五人留学东西洋，张公室就是其中之一。

张公室即张竞生的原名。1912年张赴法留学时，慕《天演论》“物竞天择，适者生存”之义，遂更名“竞生”。

孙中山反对称“万岁”

何国华

1912年4月20日,孙中山从上海乘联鲸号军舰抵达福州。该舰停泊于马尾港后,当时福建省都督孙道仁上舰迎接,请孙先生换坐甲板船到市区南台登岸。这时,孙中山先生坚拒下船,还生气地说:“刚才江面小船有‘欢迎大总统’、‘孙大总统万岁’的纸旗。这太不像话了。共和国总统一经卸任就是平民,怎么还可称为‘总统’?至于所谓‘万岁’,本来是历代封建专制皇帝硬要他统治下的官民称颂他的。你们现在如不取消那些纸旗,我就不下船!”孙道仁惊惶万分,连声谢罪,并立即叫人把纸旗都改写为“欢迎孙中山先生”。这样,孙中山先生才出舱换乘甲板船上岸进城。

孙中山自比猴子

吕　器

1924年春夏之交,孙中山召集在广州的各军将领座谈于广州南堤小憩楼上,出席有许崇智、杨希闵、刘震寰、谭延闿、樊钟秀、蓝天蔚、熊克武、于右任、赖世璜等十余人。孙中山以洒脱的风度,操着不咸不淡的"广东官话"简单作了几句开场白后,风趣地开门见山说:"你们在座各位都是江西老表……"在座将领蓦然听见孙中山这么一说,不胜愕然,面面相觑。滇军总司令杨希闵立即站起辩白:"报告大元帅,我们在座的不是统统江西人,内中只有赣军总司令赖世璜一人是江西老表。"

孙中山微笑着歇了一会,语重心长地说:"是的,你们各位虽然不都是江西老表,而我则是个猴子。你们各位愿意跟我革命,从老远各省带人马来帮助我讨伐陈逆(炯明),我很高兴,很欢迎。但是你们部下来到广州后,不遵守风纪,胡作非为;对大本营阳奉阴违,只知道一味伸手向我要钱、要枪炮;你们将我玩弄于股掌之间,当我是个猴子……"

孙中山的话越说越"入骨",说得座中众将领一个个目瞪口呆,想笑又笑不得,想说又说不出什么。这时大家才意会到粤人恒把外省来耍猴戏的人呼为"江西老表"的寓意。

孙中山顺势单刀直入:"你们要知道,一旦将我这个猴子折腾死了,你们尚能做猴戏吗?没有了猴子,你们再敲锣打鼓,会有民众来看吗?"

话音刚落,座中爆发出哄堂大笑。笑声稍歇,孙中山恳切地继续说:"这不是什么可笑的事。希望大家以国家为重,以民族为重,顾全大局,同心协力,早日完成北伐大计,建设统一的

民生乐利的新中国……”

这一为时半天的座谈，孙中山针对当前时局,用高度概括而形象化的言语,把救国救民的大计说得非常深入透彻,情词恳切,一片婆心,座中将领个个听得心悦诚服。过几天(5月8日)大本营就下令各军,重申军纪,一切以民众福祉为重,严禁擅自设卡抽税、包烟开赌等。一时大局赖以稳定,社会秩序渐臻安谧,商民称便。

但是,中国的特产——军阀的本质,要想一下子根除,却非易事。座谈会上,在孙中山面前表现得那么唯唯诺诺、唯恭唯顺的滇军总司令杨希闵、桂军总司令刘震寰,至1925年孙中山一逝世,遂又故态复萌、兴风作浪了。

阮元与洋米

李稚甫

清代著名学者阮元在他著作中，有一首五言诗,反映他对洋米进口的观点,和开放洋米进口的利弊,有真实的表达,诗题为“西洋米船初到”(见《研经室集初集》卷六)。其诗如次：

西洋夷船来，毡毳可衣服；其余多奇巧,价贵甚珠玉。持货示平民,其货非所欲。田少粤民多,价贵在稻谷。西洋米颇多(原注:仅有内地平价之半),曷不运连舳?夷曰船税多，不赢利反缩。免税乞帝恩，米船来颇速。以我茶树枝，易彼岛中粟；彼价本常平，我岁或少熟；米贵彼更来，政岂在督促。苟能常使通，民足岁亦足（原注：以后凡米贵，洋米均大集，故水旱均不饥）。

历史上广东省地少人多，耕地不足，粮食匮乏，这一情况，自古已然。特别是山区贫瘠县份，一遇旱灾歉收，即须国家赈济。沿海地区虽较富庶，但一遇风灾，禾田受损，又往往失收。因此洋米进口，在清代中叶，便已成为当时地方官吏考虑的一个重要问题。

当阮元任两广总督时，适逢大旱，采纳了罗浮山道士李明彻的建议，奏请减免洋米入口税及以米易货的货物出口税，洋米果然大量输入，解决了救灾问题。当时以货易货，不存在什么外汇问题。而地方官吏，深恐免税影响税收，对以米易货的出口货物，仍然征收出口税，这样米商踌躇不前，洋米进口仍少。李明彻再对阮元说明利害，凡是以米易货的，同时免征货物出口税，这样米商有利可图。阮元从其议，洋米果大至。这一年大旱，米价反平，粤人自此免于饥荒。就广东地理条件论，以当时生产水平，民食不足，采取洋米进口，自是一条出路。而减免洋米进口税，亦从此始。

天地会的"𪊲"字战旗

涂 续

太平天国运动期间，在广东树旗起义的天地会红巾军，使用的战旗的样式，现已很少人知道。陈开在佛山树旗后，粤剧艺人李文茂等相继起于禺北，据出自当时地方上的文人所写的诗文，还可查知他们所用的战旗是"𪊲"字旗。

李文茂、甘先、周春等禺北起义军，分路夹击广州，在西关青龙桥打过一仗。那时起义军集结在城北佛岭市（今新市），在阵上斩了清军副将崔大同、游击洪大顺，震动广州。驻守广州城西草场汛的百总黄慎之，因阻击了起义军突入西关，后由众士绅征集诗歌，刊行了一册《羊城西关纪功录》。其中所载陈树霖诗，上半首道："守戎列阵正堂堂，匹马单刀出草场。寿虎旗中看瓦解(自注：贼旗但写此"𪊲"字)，青龙桥外遍弧张。"诗中清楚地说明了起义军战旗上写了个"𪊲"字。

当禺北起义军围攻广州的时候，陈开从佛山分军指向广州，想和李文茂等部会合。这支队伍在南海遭遇阻击，未能进到广州。顺德欧阳溟的《海鹤巢诗草》有一篇《九十六乡飞堉破贼歌》，附有一篇《九十六乡檄文》，是为这一战而写的。檄文用骈体，缀上许多地名、乡名。文中有一段如下:"绿杨涌(村名)畔,经旬尘扑征衣;黄竹淇(村名)边,镇日风传画角。五汊口(地名),艇泊扒龙;万石头(村名),旗飘寿虎(自注:贼旗书此"彪")。牙张爪舞,长蛇(岭名)卷地而来;耳峻蹄轻,横马(山名)当山而立。……"所写起义军用"彪字旗,与陈树霖诗相符,可见在陈开军中或是李文茂等人的军中,战旗的标识是一致的。这个"彪"字为天地会所创,可能是取"虎旅"与"长久"的含义。

佛山红巾军起义遗址

邓警亚

咸丰四年(1854),红巾军起义于佛山,首领陈开,建立大成国。其主力为李文茂及和尚能,皆精通武艺,同属少林嫡派传人。

李文茂以粤剧艺人身份，利用佛山大基尾琼花会馆为活动基地，而和尚能则以竹栏塔坡寺为据点。咸丰二年(1852),洪秀全在广西金田村起义,直捣南京,建立太平天国。陈开等起义呼应,号召各地义军数十万众,围攻广州,未下,遂挥军西上,取广西浔、柳,建国号大成。事败,塔坡寺及琼花会馆均被清兵焚毁。光绪间,塔坡寺及遗址改建经堂。至今世变沧桑,均已不可复识矣。

康有为谋刺西太后

邓警亚

戊戌政变后，康有为奔走海外，曾嘱其弟子欧矩甲物色刺客，谋刺西太后。时南海欧新与傅赞开、李昭，均为绿林巨魁。欧新擅枪法，性豪迈，纵横于珠江三角洲一带。官方购缉，悬赏花红二万元不能得。欧矩甲以同宗同乡关系，结识欧新，以荆卿之任相托。引至澳门款待，先赠港币二万元，并派亲信伴至北京以图举事。惟以禁卫森严，终不得手，盘桓数月，废然南归。

欧新归粤后，为其亲信区湛所告发，竟被李准部下官兵所执，最后开枪自裁。而李准因此以候补道擢升广东水师提督。

溥仪复辟前夕康有为化装晋京

王参元

1917年6月28日，北京政府内阁李经义，正召集各省代表入京会议，讨论国会及宪法问题之时，保皇党魁康有为剃须化装为老农，与沈曾植、王乃澄同行，乘津浦线火车，坐三等客座，至北京站下车，康以大葵扇障面，由辫子兵四名簇拥登马车，驰入南河沿张勋宅，严加戒备，不通宾客。黎元洪侦知康抵京消息，电话召见，康大惊，以风尘劳顿辞不赴，随隐居于西砖胡同法源寺中。至7月1日，北京城遂复见龙旗招展矣。

李鸿章誉黄遵宪有霸才

黄延缵

1875年黄遵宪北上应试，客天津时，丰顺丁日昌亦在津，将任福建巡抚，极器重之，欲延致幕下，遵宪固辞。

翌年客烟台，时因“马嘉理事件”，清廷派李鸿章为全权大臣，与英使威妥玛在烟台谈判，被迫签订《烟台条约》。李正内心懊丧，会遵宪以拔贡谒，李垂询时务意见，遵宪侃侃而陈其积年所得，李前席而听。后李语中山郑藻如，盛誉遵宪有霸才。惟以后中日交涉关于琉球、朝鲜诸问题，未能纳遵宪之策。李殁，遵宪挽诗有云：“人哭感恩我知己，廿年已慨霸才难，”盖不忘当年牝牡骊黄之识也。

珍妃殃及朱汝珍

吕 器

光绪帝所纳瑾妃、珍妃，瑾妃面大而扁平，宫中呼为月饼。珍妃明慧喜人，帝嬖之，但那拉氏深恶之，借小过囚之，每日令人送饭。帝曾赂太监，混入某宫幽会，以谈话过久，为那拉氏所闻，怒甚。

庚子之难，两宫西狩，那拉氏间忆及珍妃，询诸太监李莲英，李至某宫传出珍妃叩见那拉氏。叩见毕，李即执珍妃头发，拖至井旁，推之下井，复下石。帝闻奔救不得。

后某科会试，清远朱汝珍文辞优美，经总裁许置状元，进呈御览。那拉氏以恶“珍”字，遂藉口“朱汝珍”三字欠吉祥，示另觅一吉祥者。于是从头寻至第八卷，遇“刘春霖”三字，认为吉祥，遂提为状元。朱贬居榜眼。

朱号聘三，曾编有《辞林辑略》六本共一函，凡清室历代所有科举，翰林以上官至何阶级均录，惟进士一阶未录。

高剑父参加过暗杀团

邓端本

高剑父不但在绘画事业上誉满全球，而且在反帝反封建的民主革命中，也是一位勇敢的战士。

高剑父在青年时代曾积极参加孙中山先生领导的辛亥革命运动。“三·二九”黄花岗之役，他参加了敢死队；在进攻两广总督衙门失败后，曾乔装小贩，逃出了虎口，抵达香港之后，又参加革命党人刘思复组织的暗杀团。这个暗杀团，是1910年倪映典领导新军起义失败后，在香港组建起来的。先后加入的团员有：刘思复、李熙斌、朱述堂、高剑父、梁倚神、陈炯明、谢英伯、陈自觉、丁湘田、林冠慈、程克、郑彼岸等人。

据郑彼岸、何博《暗杀团在广东光复前夕的活动》一文所述，暗杀团的参加者多是血气方刚的青年。入团时要举行仪式，时间定在晚上，会场四周均围以黑布，当中摆着一张铺着白布的桌子，桌上放置了一副骷髅骨，旁边点蜡烛一根，在摇曳的烛光中，参加者逐个上前宣誓，表达愿为革命献身的决心。然后编组进行训练和活动。

黄花岗之役后，暗杀团决定先暗杀广东水

师提督李准。高剑父负责制造炸弹。他与梁倚神、李应生等人潜入广州，选择了广州东郊龙眼洞婆髻岭作为制造炸弹的试验场。通过绿林头目李福林的关系，住进了婆髻岭附近的昌大公司。他们以打猎、写生为名，每天都进入婆髻岭的密林中，制造炸药和试验炸弹，常可听到隆隆的爆炸声。当时因有李福林的保护，所以亦没有人敢干涉。而清政府因脱离群众，无法了解情况，故始终被蒙在鼓里。当林冠慈、陈敬岳对李准执行暗杀任务时，用的便是高剑父等人制造的炸弹。

暗杀李准的行动失败后，高剑父等人又于同年八月潜回广州，策划对广州将军凤山的暗杀。为了保证行刺成功，革命党人除了作出周密的部署外，还决定使用杀伤力较强的七磅炸弹，并通过张清潭医生购买毒药配入其中，只要毒药一见血，血即凝固，便能致凤山于死地。在试验炸弹的威力时，梁倚神、李熙斌、高剑父三人，又在婆髻岭的密林中，设计一牛栏，把一条小牛和二只小狗放在栏内，然后引火爆炸。结果，小狗立即死掉，小牛腿上受伤，伤口受毒药感染后，挣扎了一会儿，也就死去了，试验完全成功。虽然，执行这次暗杀任务的是李沛基等人，但高剑父作为毒药炸弹的供应者，亦起了很大的作用。

汪精卫与已聘刘氏退婚

李　翔

光绪三十二年(1906)汪精卫以投身革命,自绝于家庭，并与已聘刘氏退婚，致书其胞兄兆镛。原书云:"事已发觉,谨自绝于家庭,以免相累。家中子弟多矣,何靳此一人?望纵之,俾为国家流血,以竟其志,死且不朽。惟寡嫂、孤侄(指精卫仲兄兆鋐之遗孀崔氏及子宗湜) 望善抚之,不然,死不瞑目,抑此非罪人所宜言也。与刘氏女曾有婚约,但罪人既与家庭断绝,则此关系亦随之而断绝。请自今日始,解除婚约。家庭之罪人白。"汪氏此时,革命之志,何其坚也;行刺载沣,何其勇也;及其晚节不保,抑又何其愚也!

南北议和广东代表团之实权

张竞生

中华民国临时政府成立后，继续酝酿南北议和。当时余任南方代表团秘书,奉命上缴经费数千元于南京总统府。由汪精卫之介,获独谒孙

中山先生于总统府密室。先生对南方代表团实权问题，作重要指示说："此次南方议和代表团之代表，虽由伍廷芳任之，但实权则密令汪精卫负责。伍为外交部长，南方各省推为代表，原属至当。但伍乃大官僚出身，性贪财货，喜物质享受，昔年任驻美公使时，其随员均纳贿出卖，回国后，置华厦于沪滨，骄奢淫逸，非革命党人也。当其当选代表后问余：'此次议和，如能达到如美国之内阁制度，满廷则保存虚君位，可乎？'余坚决反对曰：'吾人革命之目的为推翻满廷，建立民国，断不能再由满廷保留虚君位。'总之，不论从何方考虑，伍决不能代表南方革命利益。良以各省所推，不得不予以任命，然终怀疑其是否真能称职也。故于代表一席外，另命汪精卫、王宠惠、王正廷、纽永建等为代表团参赞，暗授汪精卫以全权，凡事须由参赞团同意方能由代表签订。至于重要事项，又须吾等同意，方可执行。"至于为何重视汪精卫？则曰："精卫前以暗杀摄政王，名驰世界，出狱后，在天津组织京津保同盟会，仍为革命与袁世凯作斗争，故付以重任，使尽量发挥其革命意志，然其有时不免感情用事，望参赞团、秘书团协力助之。"

将告退，先生犹切嘱保密，并命向汪汇报，惜乎汪氏晚节不保，有负先生多矣。

张伯祯伪造袁世凯族谱

莫仲予

洪宪帝制既成，有东莞张伯祯者，巧施媚袁之术，先伪印明版由袁安至崇焕《袁氏世系》一书，谓据元明麻沙刻本。又编袁崇焕遇祸后，子孙某支由东莞迁项城始末，精抄成书，顺德罗敦曧为写面题册曰："袁氏四世三公(当时推袁者皆美为汉代袁安四世三公之后)，振业关中，奄有河北，南移海隅，止于三水、东莞，清代北转，项城今日正位燕京，食旧德也。名德之后，必有达人"云云。书由三水梁士诒代呈项城，项城大喜，各部遂会衔奏请尊祀崇焕为"肇祖原皇帝"，建"原庙"。项城又派专使赴东莞致祭崇焕，祭文中有"皇祖有灵，尚祈来享"之语，末署"十九世孙某"。溧水濮一乘(伯欣)作《新华打油诗》以讥之云："华胄遥遥不可踪，督师威望溯辽东。糊涂最是张沧海(伯祯字)，乱替人家认祖宗。"亦谑而虐矣！

陈炯明为何要炮轰总统府

曹磊石

我在重庆和吴稚晖老先生闲谈关于陈炯明为何要炮轰总统府时，吴老先生说："陈炯明在十七岁那年，夜里忽然做了个奇梦。梦中，他左手抱日，右手抱月。清早起来，立即找当时惠州城里最著名的相士详梦，那相士听了他的叙述之后，肃然起敬，对他说：'先生少有大志，前途不可限量。日是乾，月是坤，手揽乾坤，是帝王之相，将来中国的老百姓，必听命于先生了，可喜可贺，勉之勉之！'陈满心欢喜，自是之后，原名竞存之外，又号炯明，取明并日月之义；从此，竞存这名字就很少用了。

孙中山领导推翻清王朝以后，由于没有可靠的革命军事力量，很快就被北洋军阀袁世凯僭夺了总统之位，而袁一步步开倒车，要搞什么'洪宪帝国'。孙中山奔走呼号，花了几年时间，费了九牛二虎之力，才把袁打倒。但各省军阀依然割据，人民依然陷于水深火热之中，民国只是一块空招牌，无法进行任何建设。于是孙中山决定回广东组织革命军事力量，然后进行北伐。陈炯明看准了机会，于1920年秋，把滇、桂系军阀逐出广州，迎接孙中山回粤，且以师礼相待。孙中山和陈炯明经过几次接触，觉得陈炯明能干，受过高等教育，又是同盟会员，不同于当时的地方军阀，对革命理论和策略，也易于接受。乃决定对他加意栽培和扶掖，将陈原有的几个团，扩充为几个师，编号为第二军。并拔擢为广东省长。

陈因受知于孙中山，几乎独揽了广东的军政大权。然而陈的真面目和真意图，也逐渐暴露了。他认为要实现十七岁时'手揽乾坤'的梦想，已具备了条件，只要能利用广东全省的人力、物力和财力，再扩编两个军，一旦三军在手，进可以问鼎中原，退可以固守广东这块富庶的地盘。可是要延缓北伐，要扩充军力，孙中山坚决不同意，而且要陈把主力部队进驻福建，由闽入赣，开始北伐。陈于是觉得在他实现'手揽乾坤'梦想的道路上，孙中山成了他的挡路石了，便毅然决定炮轰越秀山总统府，要置孙中山于死地。"

姚雨平诗谏陈炯明

罗冠群

1922 年，陈炯明背叛孙中山后，避居惠州西湖百花洲，姚雨平奉孙中山先生命赴惠州晤陈，企其回心转意，再投身革命。

陈知姚的来意，默然久之。共泛舟西湖，陈素佩姚善吟诗，遂请姚吟诗。姚书赠一联云：

征西奔走劳鞍马，扫北归来理钓丝。

一方面肯定陈过去平定广西有功，一方面希望陈以国家利益为重，助孙中山先生北伐，俟功成之后，再作退隐打算。陈阅后，摇首连说：“办不到，办不到。”随赠雨平一联以表心意：

卖剑买牛，耕凿遥承庇荫，
放刀成佛，菩提不及尘埃。

姚雨平见陈炯明叛意已决，无可挽救，乃不欢而散，辞返广州。复以肺腑之言，再寄陈七绝诗一首：

百花洲上影模糊，不听莺声听鹧鸪。
铁像何如铜像好？凭君点缀此西湖。

此诗寓意深远，当时广为传诵，脍炙人口，惜陈炯明冥顽不悟，意终不回。

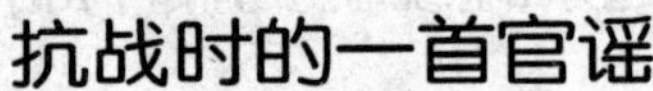

抗战时的一首官谣

龙潜庵

旧社会流行过一首民谣：“从良不如当娼，当娼不如下堂。”这是说：妓女从良嫁人，嫁得好与不好，都给注定了。而做妓女，却有选择对象的自由，所以说“从良不如当娼”。但是，“下堂”(离婚)的妇女，由于“初嫁由亲，再嫁由身”，可以自己做主选择对象，就又比妓女为好。因为妓女选来选去都不外是花花公子、酒色之徒，而再嫁则不然。所以说“当娼不如下堂”。

抗日战争时期，由于田赋征收实物，设置粮食局；到1943年间，实行食糖专卖，又设置食糖专卖局。粮食局和食糖专卖局的差事，都是“肥缺”。于是，内地就流行过一首仿前面民谣而成的官谣，云：“从粮不如当仓，当仓不如下糖。”这是说：做粮食局其他官员，都比不上当粮仓管理员那么多油水，管仓员除了可以“大斗入、小斗出”之外，还可倒卖“粮单”(粮食提单)，收入很可观，所以说“从粮不如当仓”。食糖专卖局是新设机构，一切规章制度都是初创，当“糖官”是变相的税官，自然可以大做手脚，会比当粮食局的管仓员更捞钱，所以说“当仓不如下糖”。

上面这首民谣，反映了旧社会妓女的心态，而这首仿民谣编成的官谣，反映了战时官场的腐败丑态。

广雅书院

杨安尧

中国古代较大规模的书院大多设在远离城市、环境幽静的山林中，如白鹿书院、岳麓书院、学海堂等。为的是避开城市的喧嚣，排除亲朋探访等外来干扰，让学生“两耳不闻窗外事，一心只读圣贤书”。但书院设在深山中，会给师生的生活、交通、购买文具书籍带来诸多的不便。为了改变这种现象，张之洞创办的广雅书院特设在省城附近。

清末洋务派张之洞任两广总督时值中法战争，两广地处前线，局势紧张。尽管公务繁忙，张之洞为筹办广雅书院还是倾注了一番心血。上任之后，即向广东各界筹得白银 138866 两，作为书院的建筑费用。常年的经费，则由存入汇丰银行的公费银 13 万两所得利息及其他各项拨款支付。光绪十二年(1886)，张之洞亲自选定广州城西北五里源头乡为院址，面积 120 亩。1888 年夏书院建成。

广雅书院规模宏大，庭园幽雅，环境优美。院舍分为四进，有讲堂三间，居中为无邪堂，供院长讲课之用。两厢有斋舍二百间，每十间为一斋，按“东壁图书府，西园翰墨林，诵诗闻国政，讲易见天心”二十字编号，每斋以一字命名。藏书阁为冠冕楼。广雅书院是 19 世纪末全国规模最大、设备完善、藏书丰富、管理严格的一所书院。至 1903 年，广雅书院仍与湖北自强学堂、两湖书院及上海南洋公学并称为全国四大学府。

张之洞亲自参加广雅书院的开学典礼，对学生“考业稽疑，时加训勉”。他对书院发展、人事安排、考评学生等积极筹划，并经手裁定。直至离任后，仍亲自制定书院季课章程。书院第一、二任院长梁鼎芬、朱一新都是张之洞亲自延聘的。他们都是有学问、刚正直言的人。

书院的学生来自两广，他们是由张之洞出题目考取者；或是由两省学政将该省可造就的年轻人调送入学。

光绪十九年(1893)，两广乡试，广雅诸生中试者十八人，张之洞闻之欣喜。一百年来，广雅书院为社会培养了大量人才。

在以人治为主的封建社会里，张之洞如此热心教育事业实在是难能可贵的。

广州同文馆

刘华庵

同治元年(1862)八月，北京成立第一所外语学校——京师同文馆以后，李鸿章上书请求在上海、广州两处继续开设，以培养外语人才。经同治二年二月初十(1863年3月28日)上谕批准，广州同文馆遂于同治三年五月三十日(1864年6月23日)成立。馆址设在朝天街(今朝天路)，提调为王镇雄，馆长为谈广楠、汤森，英文教习为美国人谭训，汉文教习为吴嘉善。

第一期收学生二十名，附生五名。学生中，满汉八旗子弟占十六名，汉族学生四名。学制三年，学科以英语、国文、数学为主。光绪五年(1879)增设法文、德文两馆，各收学生十名，其中五名由英文馆熟习英语者调来，其余均为八旗子弟。学制由三年增至八年。从第三学年始，加入世界史、代数、算术、物理、几何、三角、微积分、机械、航海测量、化学、国际公法、天文、地理等学科，另加生理、解剖两个选修科。后来又再增设日语、俄语两馆。

广州同文馆从同治三年(1864)成立，至光绪三十一年(1905)奉命改为译学馆时止，共41年，造就了大批人才，有被保送至京师同文馆深造者，有为涉外有关部门重用者，是为晚清洋务派在广州所办的第一件较重大的洋务事业。

广州第一所公立大学

司　芳

1902年，广州第一所公立大学——两广大学堂开办，校址设在广雅书院。首届校长(总理)为浙江人姚文焯，招收两广学生一百六十名。

全校分设文、理两科(当时称政科与艺科)。学制三年，招生对象为中学毕业水平者。所学课目主要有：国文、英文、法文、德文、物理、化学、法制、理财、算学、簿记学、图画、体操等。学堂还多方罗致人才担任教习，著名的有曹汝英、朱执信、冯世祥、方遥、朱兆莘、莫鸿秋等，还有一些外籍教师。

1906年，两广大学堂改名为广东高等学堂，并停招广西学生。两广大学堂改为广东高等学堂，决不仅仅是名称改换，主要是在教学内容、教学宗旨、学生来源、出路作了一系列的改变，成为名符其实的大学。

两广大学堂的前身是广雅书院。广雅书院是19世纪中叶鸦片战争后，为培养新式人才，

于光绪十五年(1889)由两广总督张之洞创办,地址在广州西村。它是一所提倡“中学为体,西学为用”,不以八股课士的新型书院。学生由地方官从各府、州、厅、县学的优秀生员中资送进院。进院后,一切膳食、膏火、文具、杂用全由官给。学生一律住院,安心读书,书院有很大的书库曰冠冕楼,尽是经史舆地和古今文学图籍。

康有为在万木草堂

罗冠群

康有为上书清廷维新变法,未被采纳。1891年在广州长兴里设立“万木草堂”,开始讲学,颇负盛名。

他的讲学内容,以儒、佛学和宋明理学为体,西学为用。他对列强压迫、世界大势、汉唐及两宋的政治都讲。每论一学、一事,必上下古今,究其沿革得失,并引欧美事例,以作比较证明。他讲学术源流,把儒、墨、法、道,所谓九流以及汉代的考证学、宋代的理学等,历举其源流派别,颇为详尽。又如文学中的书、画、诗、词等,如何发展变化,皆探本求源一讲就几个钟头,娓娓动听。

学生除听课外,主要靠读书、写笔记。每个学生发一本功课簿,凡读书有疑问或心得,即写在功课簿上,每半个月呈缴一次。每见学生写一条简短疑问,康有为都报以长篇的批答,循循善诱,诲人不倦。同学们的功课簿写满之后,即存入书藏,供新来同学阅览。此外设一本厚簿,名叫“蓄德录”。每天顺着宿舍房间,以次传递,周而复始。各人录入几句格言、名句,随各人意志之所好,写什么都可以。同时用一张小纸写出,贴在大堂板壁上。它的作用,是想提起各人的警惕,引起各人的兴趣,又可验其个人思想之趋向。

同学们除用功读书外,还要替康老师做一种特殊工作,为协助著述方便寻找资料而编书藏备用。“万木草堂”的图书馆阅览室叫“书藏”,是以康有为所藏书为基础。同学们家藏书,则自由捐献,日积月累,书藏之多,可谓汗牛充栋了。

学生每人每年要纳脩金十两银子,但寒士则免费,富者年送脩金三四十两银子不等。考试制度,全在功课簿上窥察各人造诣之深浅,亦不分年级与班次。在同学中举出两三名学长,梁启超算是高足弟子,也曾做学长。

万木草堂于1891年开办,至1898年戊戌,共八年,学生人数连同康有为往桂林讲学之后的两广学生以及在上海、北京来拜门的约一千人,极一时之盛。

黄遵宪尊师

何国华

爱国诗人黄遵宪少时曾拜两位先生为师：一位是李伯陶先生，另一位是黄传恕先生。黄遵宪对老师一直是十分尊敬的。不论在国内做官或出任驻外使节期间，他都常有书信问候这两位老师。每当回家探亲时亦一定登门拜谒他们。

黄传恕老师家境清贫，但他清高自居，安贫乐道，从不轻易向人借贷。有一年三荒四月，又值米珠薪桂，家人又生病在床，在无可奈何下，黄老师就写了两首打油诗，叫人送给黄遵宪。两诗的原文是：

一间茅屋半间堂，两袖清风发已苍。
喜种庭前云秀竹，莫惹蜂蝶过门墙。
深夜老鼠闹煞人，窜户穿窗觅食寻。
桌上只有笔和墨，箱中唯有圣贤经。

黄遵宪看完后，立即派人奉送二百两银接济老师。此后，黄遵宪按期派人送钱给黄老师，让他的晚年生活过得安定舒适。

粤刻丛书

钟 彝

丛书古无刻者,宋温陵曾慥始集《类说》,自《穆天子传》以下,共二百五十种,是为丛书之祖。此后,刊刻丛书之风,接踵而起。清代以还,更汗牛充栋,不下数百家,非仅在于存古,亦实有功于学林也。

吾粤文化稍后江南,清季中刻书始盛。较著者伍崇曜《粤雅堂丛书》一百八十种,共一千余卷,续刻、三刻尚未计。伍崇曜字元薇,号紫垣,南海人,以洋商起家。是书仿鲍氏《知不足斋丛书》之例,凡前人已经刊刻之书,皆不著录。复延南海谭玉生莹为之校雠,每书末叶,必有题跋,亦谭氏手笔, 间亦嫁名伍氏者。伍刻丛书尚有《岭南遗书》五十九种,共三百四十三卷,《粤东十三家诗》一百八十卷,又选刻近人诗《楚庭耆旧集》 七十四卷, 复影刊元本王象之《舆地纪胜》,皆谭氏为之排订。

同时,尚有潘仕成《海山仙馆丛书》五十六种,共四百六十一卷。潘仕成字德畬,番禺人,以盐筴致富。后以副贡捐输,钦赐举人,官至两广盐运使。是书亦仿鲍氏之例,选前贤遗篇,足资身心学问者为主。别有《海山仙馆藏真帖》,亦多宋明旧拓。惜于鸦片战争时，外兵陷广州，所有版片，为法人所掠，陈于巴黎博物院，良可慨也。

其后，若陈兰甫之《东塾丛书记》、林伯桐之《修本堂丛书》、梁廷楠之《藤花亭十种》、金武祥之《粟香斋丛书》、刘晚荣之《藏修堂丛书》、李廷光之《榕园丛书》(又名《守约篇》)、方功惠之《碧琳琅馆丛书》、陈伯陶之《聚德堂丛书》等，亦闻风而起者。

1918年，番禺徐信符绍棨创办广雅印行所，将广雅书院残板，从事校补，历时二载，选得一百五十余种，辑为《广雅丛书》，又修订学海堂板为《学海堂丛书》。于是粤中刻书之风又不让江南矣。

丰湖书藏不收袁、龚著述

王参元

梁节庵掌教丰湖书院时，创丰湖书藏于书院侧。其建筑结构悉仿焦山书藏，并编有书目八卷。其跋卷后有云："书藏意在搜罗往籍，于国朝人文集尤所加意。然如袁枚之素行无耻，得罪名教，淫书谰语，流毒海内，三五成群，成为盗贼，成为风气，不可救药。龚自珍心术至坏，生有逆子，败乱大事，文字虽佳，不与同中国。凡此二人著述，永远不得收藏，以示嫉恶之意。诸生其懔乎之。如有违背，非吾徒也。”袁、龚之诗文，在清代文学上甚有影响，不能以袁之生活小节、龚之后人不肖而不收藏其著述，此节庵之褊见，未免转惑后学。

太华楼藏书

莫仲予

顺德李文田，富收藏，精鉴别，颜所居曰“太华楼”，以所藏宋拓《华山碑》而名。

楼中藏书，多为人间罕见珍本。稍有宋元旧椠，而明代野史钞本，多至百余种，即所藏文集，亦多藏家书目所未载者。其对有关西北地理诸什，考核尤精。已刊者，如《元秘史注》、《和林金石录》、耶律氏《双溪醉隐诗注》及《藕溪零拾》所载之小品等。未刊者，以《元史地名考》为最巨，惜已散失不全。

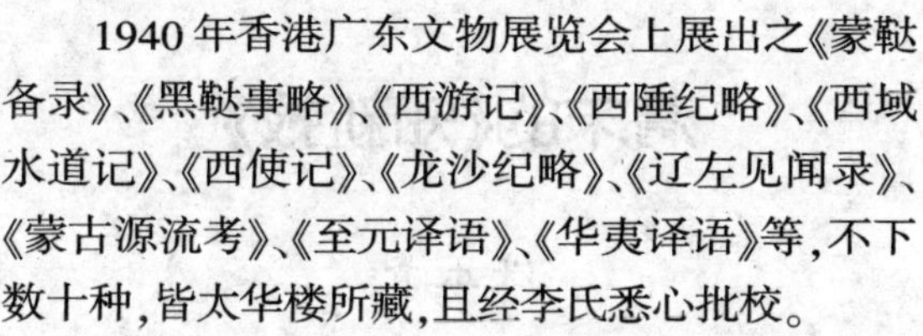

1940年香港广东文物展览会上展出之《蒙鞑备录》、《黑鞑事略》、《西游记》、《西陲纪略》、《西域水道记》、《西使记》、《龙沙纪略》、《辽左见闻录》、《蒙古源流考》、《至元译语》、《华夷译语》等，不下数十种，皆太华楼所藏，且经李氏悉心批校。

广州沦陷后，楼中藏书，闻有散佚。惟有一部分早已转寄北京燕京大学。事详徐信符《广东藏书纪事诗》注。

《时务报》之筹办

黄延缵

1894年秋,康有为在上海办强学会,会为张之洞首倡,并拨银一千两为开办费。会员十六人,梁鼎芬代黄遵宪署名加入。其后京师之强学会为御史弹劾而被封,沪会亦由是而废。

1896年,两江总督刘坤一留黄遵宪在江苏办理教案及商务,遵宪愤强学会被废,谋再振之,乃书约梁启超自京来沪筹办《时务报》,为复会喉舌。自捐一千元,合沪强学会余款一千二百元为开办费。《创办公启》由启超草拟,遵宪改定后领衔印发,连署者为吴德潇、邹凌翰、汪康年及梁启超等。筹备期间,社中事务,遵宪无不与闻。《时务报》甫出版,即风靡全国,与严复主办之天津《国闻周报》南北呼应,推动维新运动之发展。

清末的《知新报》

冼玉清

光绪戊戌变法前夕,国内大力提倡维新运动的三大刊物:一是上海《时务报》,一是广东

《知新报》,一是湖南《湘学报》。《时务报》、《湘学报》名振宇内,《知新报》因偏处广东,故知者不多。此报初名《广时务报》,后以此报主张维新,故改今名。

《知新报》创刊于光绪二十三年(1897)正月二十一日,地址在澳门大井头街四号。报为五日刊,用八开白报纸装订成册。总理为顺德何光廷穗田,南海康广仁幼博。撰述员有:三水何树龄易一、番禺韩文举树园、新会梁启超卓如、三水徐勤君勉、顺德吴恒炜介石、顺德刘桢麟孝实、番禺王觉任镜如、南海陈继俨仪侃、南海孔昭焱熙伯。翻译员方面,译英国刊物的有新会周灵生,译美国刊物的有新会甘若云,译日文的有香山(即今中山)唐振超,译葡文的有葡人宋次生,译德文的有德人沙士,译法文的有葡人罗渣。可称人才济济,多为康有为学生。

该刊分论说、上谕、国内近事、国外近事、译录科学(尤重农、工、商、矿)、译电等六栏,以补《时务报》篇幅隘短,编志漏略,记事则西多中少,译报则政详艺略之偏。当时会党之资料,如强学会、经学会、筹学会、励志学会、兴亚会、致用会、农务会、戒缠足会、保华工会、兴商务会、幼学会、孔教会、育婴会、养老会、女学会、孔教公法会等活动情况,也有报导。

戊戌政变后,这份刊物,因为抨击清廷的言论过多,国内难以推销,国外也多阻梗,遂于光绪二十六年(1900)七月初一宣告停刊。

广东第二部画报

冼玉清

《时事画报》之后，继起而另树一帜的，还有一个《赏奇画报》。该报创刊于光绪三十二年(1906)四月十五日。《时事画报》偏重于词曲、谐文，《赏奇画报》则以实学为标榜。它的办报方针是："(1)程度以合于普通社会为主。说图互用，以期灌输新理而开辟性灵；(2)专纪旬日内事，兼采各报之精腴，令读者手一报而知各报之益；(3)注重实学；如有新艺新学，实行发明，必为登录。"

它的《办报缘起》说："缘乃搜罗轶事，媵以绘图。东坡说鬼，无伤大雅之林；方朔主文，别抱寓言之隐。义近取乎通俗，何必诡激以鸣高；学切求夫实业，何必蹈虚而立说。"说明该报多载轶事与寓言，并以文字通俗、讲求实学为主。

该报的内容计分八类：(1)社说；(2)实学(包括格致浅说、牙科药方、译本等)；(3)杂俎；(4)文苑；(5)诗界；(6)谐谈；(7)说部；(8)汇报(包括上谕、本省近事、各省近事、各国近事、各行告白)。

该报式样、纸张、尺寸，均与《时事画报》相同，也是月出三期，逢五日出纸。社址初在广州故衣街二十七号仁信西药房后座，后迁去光雅里。张静庐《近代出版史料》却没有著录。

梁若尘两次经办《红旗报》

林　碧

梁若尘(1903—1990),中国民主同盟盟员,从1922年十九岁时开始从事新闻工作。他的办报经历跨越了"五·四"运动、中国大革命、抗日战争、解放战争几个动荡的年代。他创办和参与工作过的报刊、通讯社多达二十六家。他曾两次主编过革命暴风雨时期的《红旗报》。

1927年9月下旬,"八·一"南昌起义军队转移到达汕头,当时周恩来担任东征军的政治部主任。革命委员会为了配合开展工作,周恩来提出要创办一份自己的报纸。中共委派了蓝裕业、罗伯良和梁若尘三人迅速筹备出版《红旗报》。他们以最快速度筹备就绪。9月29日晚,正当《红旗报》创刊号编排好,即将开机印刷时,突然接到保卫人员的通知,市区主力部队正在撤退,报纸出版工作立即停止,工作人员自行隐蔽,转入地下,因而报纸的创刊号编好了,却没有面世。

同年11月间,梁若尘转到广州工作,并准备参加广州起义的革命斗争。12月11日广州起义的前一天,梁奉命紧急筹备出版《红旗报》,与他一起接受任务的有丁愿、董芝(女)、丁彦等。选定《七十二行商报》为社址,同时动用该报原有的编辑出

版的各种设备和人员，于12月12日赶紧编排创刊号。出乎意料，到深夜时分，突然接到上级通知，指示立刻疏散。无独有偶，已经编排好的《红旗报》创刊号，又不得不忍痛放弃出版。

这样，梁若尘在两次革命大行动中，两次经手紧急筹备出版《红旗报》，都是在已编排好了版面的时刻，奉命紧急撤退，使报纸不能与群众见面而胎死腹中。他每谈及此事时，总是无限感慨和惋惜！

《乞儿呼天报》

司竹青

古今中外，人们最看不起乞丐，有谁知，他们中也有和常人一样的思想和正义感！

1911年3月29日，同盟会在广州发动武装起义，志在推翻清朝的专制统治。因寡不敌众，起义被清政府残酷镇压了。七十二位烈士壮烈牺牲，暴尸在大东门外荒郊的血泊中。清政府之所以不清扫战场，是想杀一儆百。同盟会会员潘达微，经多方联络城内各大善堂，串连了大批有义气的乞儿，乘清政府放松武备之际，连夜将烈士尸体收集起来，然后运到郊外黄花岗野地，掘坑殓葬了。

潘达微自埋葬了烈士忠骸后，感到乞儿们仗

义相助，同情他们穷苦的遭遇，毅然说合几位同行，创办了一份小报——《乞儿呼天报》，专门刊登乞儿的种种凄惨生活，揭露不平的世道，呼吁人们对乞儿伸出援助之手。并将义乞冒死殓忠骸的事迹，编成小说连载，使广州市民了解史实的真情。

可惜后来因该报的编辑记者，对乞儿生活不熟悉，稿源逐渐枯竭，开办不久便停刊了。

顾太清《销寒诗》团扇

王参元

顾太清簪花小楷《销寒诗》泥金团扇，原由文如居士邓之成所藏，后归南海冼玉清教授。扇中字体韶整娟秀，风韵独绝。《销寒诗》七律六首，清丽缠绵，委婉匀净，在饮水、两当之间，洵为清代女词人之冠，不为过誉。其诗云：

斗室虚明暖气融，坐闻庭树怒号风。几竿瘦竹摇寒碧，一角斜阳抹淡红。败叶乱敲声淅沥，冻云低压影朦胧。天光更觉黄昏好，窈窕凉蟾挂半弓。

帘风窗纸共凌竞，冷到书帷第几层。鹦

鸽眼昏朝有泪，凤凰池浅夜初冰。凹藏宿墨寒云聚，匣启新晴暖气升。收拾案头残画稿，闲教呵冻写吴绫。

凄凄如水复如烟，云净风高别一天。桂冷无花摇镜面，梅疏扶影到帘前。乌惊老树窥霜下，鹤守空庭藉雪眠。此夜不知寒几许，欲从高处问婵娟。

木落空林水不波，冻云无力被山阿。淡烘斜照迷鸦阵，浓挟寒云压鸟窠。漠漠长天归去懒，沉沉幽谷聚来多。知因酿雪饶清态，满目氤氲望若何。

红叶飘残又几时，连林烟树郁寒姿。森森远露峰千点，隐隐低悬日半规。樵径荒凉人散早，巢痕冷落鸟归迟。朝来忽觉琼瑶灿，瑞雪纷纷缀满枝。

街柝敲残夜未央，银釭掩映近藜床。冷侵翠被三更梦，疏透晶帘一豆光。暗牖风来花琐碎，短檠烟烬影凄凉。阿谁更向窗前卜，奇吐双葩喜欲狂。

道光丁未夏日录旧作销寒诗六首，书于红雨轩北窗。太清西林春。

此诗顾氏《天游阁集》未收，故录之以备后之编集外诗者采补焉。

黄公度词

易 仁

黄公度为晚清“诗界革命”倡导者。其论诗，主张“我手写我口”，要求表现“古人未有之物、未辟之境”。著有《人境庐诗草》十一卷。惟倚声之作，则不多见。

光绪二十一年(1895)，文廷式自江宁(今南京市) 归萍乡修墓，公度为祖饯于秦淮舟中，有《闰月饮集钟山送文芸阁学士假归兼怀陈伯严吏部三立》诗，载集中，并与芸阁各填《贺新郎》一阕。公度词载《春冰室野乘》，甚少传世，词云：

凤泊鸾飘也。况眼中、苍凉烟水，此茫茫者。一片平芜飞絮乱，无复寻春试马。又渐渐、夕阳西下。水吹山温留扇底，展冰奁、试照桃花写。影如此，泪重洒。寻思梦里临行夜。把明朝、鲛绡分剪，公然割舍。天到无情何可诉，只合埋忧地下。但何处、得开酒社。相约须臾毋死去，尽丁歌甲舞今宵且。看招展，花枝惹。

李岳瑞谓此词“苍凉激楚，直摩稼轩之垒”。余谓公度词，虽不多作，然此词格调谨严，丰致高古，其沉郁悲壮处，虽苏、辛不过，若非倚声老手，不克臻此。

邓尔雅题苏曼殊遗作诗

刘 山

1905年,邓尔雅东渡留学,结识苏曼殊,谈诗论艺,情投意合,过从甚密。归国前,两人合拍穿和服之照片留念。1918年,曼殊圆寂,邓氏为悼亡友,取佛经语苏曼那,颜斋曰“苏曼那庵”,并把合拍照挂于壁上。

1928年,李印泉重印苏曼殊遗画,嘱邓氏题签。邓媵之以诗:

兼识人间七体字,相猜物外六朝僧。心声心画皆心史,强合时宜病未能。

徘徊儒释变衣装,迥异凡僧不可当。除却山灵向谁说,任他狂者目为狂。

意思精微出世间,偶然顺意写尘寰。略参我法非西笑,海外从来无此山。

世皆欲杀信畸人,八大清湘外有春。纸贵劫余求草草,西湖新塔已陈陈。

十年后,又有题苏曼殊画诗二首:

想象风神笠屐图,岭南今又见髯苏。人间七体书咸读,岛上初逢美且都。应是此心无所住,别开生面孰能摹。佛言四万八千好,欲出依然不可呼。

独行高风世鲜知,坡公有例不时宜。文

章代表心声画，菩萨由来病爱痴。右出相如司马并，前身大梵毒龙疑。五言特健甲天下，翻译拜伦成汉诗。

廖恩焘之广州方言诗

易 仁

费衮《梁溪漫志》谓方言可以入诗，举周少隐“雨细方怵露，云疏欲护霜”，此乃以吴语词汇入诗者。明末屈大均《素馨曲》：“素馨棚下梳横髻，只为贪花不上头。十月大禾未入米，问娘花浪几时收?”乃以粤语词汇入诗者。

清末民初，纯以广州方言为诗者，颇为流行，一时文人骚客，趋之若鹜。如胡汉民、李泽甫、梁寒操、简又文等，亦时有即兴之作。当时较著者有何又雄，如《垓下吊古》云：“又高又大又嵯峨，临死唔知重唱歌。三尺多长锋利剑，八千靓溜(漂亮)后生哥。既然廪砑(不断)争皇帝，何必频伦(急忙)杀老婆。若使乌江唔锯颈，汉兵追到屎难屙。”亦不过偶尔操觚，尚未成集。

继何氏之后，则有廖恩焘之《嬉笑集》。当时，诗出即脍炙人口，各报刊争相登载。其全集分《汉书人物分咏》、《史事随笔》、《金陵杂咏》及《信口开河录附存》四部分，诗作共七十三首。其诗，诚如李泽甫序中所云："虽属游戏之作，而主题为咏史，褒贬得体，庄谐并具，熔经铸史，巧妙入神，嬉笑嘲谑，笑语如珠。尤其运用佗城俚语，声韵铿锵，对仗工切。信手拈来，毫无斧凿。"集中《信口开河录附存》诸诗，对当时弊政，多有抨击。如《漫兴》一首云：

全城几十万捞家，唔够官嚟夹手扒。大碌藕真抬惯色，生虫蔗亦啜埋渣。甲仍未饱偏轮乙，贼点能知重有爸。似走马灯温咁转，炮台难怪叫车乜。

诗中对官府与黑社会把头互争榨夺的讽刺。又《赠友》云：

六年不见先生面，今见先生重有须。识透旧肴唔合炒，怕同新镬凑埋捞。风车世界啦啦转，铁桶江山慢慢箍。眼鬼咁冤唔愿睇，暂时诈醉学糊涂。

此诗大约成于1917年前后，北洋军阀统治时期。西南各省出兵讨逆，呼声正高，作者不愿同流合污，故暂且息影。

《嬉笑集》完成于1919年，其时廖与胡汉民同旅日本横滨，于客店中读《汉书》下酒，盱衡古今人物。书成，汉民大为击节，怂恿付梓，但延至1949年夏，始以笔名"珠海梦余生"出版于香港。后李泽甫重印，转登《广东文献季刊》。其《自序》末段云：

作者珠海梦余生，近住柳波涌畔，见过泮塘皇帝。微臣足领屎煲，老友惯打牙较。排啱广嗓，谛成律诗。一片婆心，唔算踱西游怪记；

几番公认，就算补北梦琐言。冇摩啰拍栅肉酸，比亚运洗镬干净。能闻能舞，非屎氹中关帝把刀；或掘或尖，任脑袋里董狐之笔。

廖恩焘字凤舒(又作凤书)，号忏庵，仲恺先生胞兄。原籍惠阳，早岁留学日本，以《粤讴》名于时，工诗词，1954 年病逝于香港，享年 90。遗著尚有《扪虱谈室词》行世。

正声吟社之诗钟

易　仁

辛亥革命后，粤中耆宿及清代遗老之避地香江者，大不乏人。彼等在港先后集结诗社，以诗文书画相驰骋，其中亦间有从事诗钟者。但有谓诗钟务以一体为之束缚，为之者矫揉涂傅以求一字之合，他人读之，渺不知其旨趣所在。为之愈工，去诗愈远，文字之无益，莫过于是。此不知诗钟者也。诗钟原为格律诗中两联预习而设，求其对仗工稳，语出警策，词活意赅足矣。良由习之者众，往往为求夺魁而流于诡谲轻薄，滥用僻典，此非习诗钟之本旨。

昔日张南皮督粤时，粤中诗钟大盛，迄于清末不替。1931 年，旅港耆宿朱汝珍、温肃、江孔殷、赖际熙、区大原、桂坫、谈道隆辈，倡组正声吟社，诗课之外，竞为诗钟，由社命题，评定甲乙，排日榜示。积年，而诸格赅备，汇而付梓，名曰《正声吟社诗钟集》。

兹分格录其优者：如"曹操、蝶"分咏格，则有温毅夫之"恨遗吴蜀三分鼎，蜕化罗浮五色衣"。"天、玉"燕颔格，则有桂南屏之"补天实赖娲皇力，碎玉难为项羽谋"。"飞、藕"鸢肩格，则有朱聘三之"风立藕花王恽句，雪吟飞絮玉溪诗"。"华、影"蜂腰格，则有谈瀛客之"会向龙华参一指，梦随蝶影化千身"。"云、水"鹤膝格，则有朱聘三之"双龙并负云间望，孤驿偏宜水国秋"。"灵、树"凫胫格，则有桂南屏之"南海旧传枯树赋，东方亲见巨灵飞"。"剑、长"雁足格，则有谭荔垣之"待驱十万青锋剑，休笑三千白发长"。"园、黄"晦明格，则有黄宣庭之"东洛游观逾白下，盛唐气韵迈黄初"。"饮、姑"蝉联格，则有林芷湘之"莫辞北海千杯饮，姑作平原十日游"。"笑、河"魁斗格，则有招量行之"笑煞鲁连甘蹈海，乐闻宣圣戒凭河"。"中秋月"鸿爪格，则有李叔琼之"秋水远连天上月，春山淡画镜中人"。"日、寇"鹤顶格，则有邱颂禹之"寇深国蹙思先轸，日暮途穷哭阮生"。"汉高祖"合咏格，则有黄宣庭之"五色云成天子气，七言诗唱大风歌"。"良、海"三四辘轳格，则有招量行之"蠡智良谋皆远祸，韩潮苏海各能文"。"璧合联珠"双钩格，则有桂南屏之"联邦愿易昭王璧，合浦曾还太守珠"。"同、喜"四五卷帘格，则有谭荔垣之"朱陆异同纷聚讼，唐虞揖让喜赓歌"。"庆长春"

押尾格，则有桂南屏之“修禊有亭吟上巳，求仙得馆庆长春”。“正声吟社”碎锦格，则有谢焜彝之“春色社前茶正茁，秋声江上荻长吟”。“千里共明月”五杂俎格，则有陈履谙之“千里凉风随雨至，满船明月共潮生”。“东坡、陈后主”守雌格，则有黄伟伯之“惨累丽华投辱井，逗醒琴操入空门”。“隋炀帝、杨玉环”雌雄分咏格，则有黄伟伯之“汴堤有客悲新柳，南内无人笑荔枝”。“中秋月”鼎峙格，则有陈履谙之“云绕室中三界暮，月悬山上半轮秋”。“白、饮”笼纱格，则有桂南屏之“酒便可招陶靖节，诗能无敌李青莲”。

上举诸例，已尽诗钟之格，其中不无黍离麦秀之思，然亦间有忧时爱国之作，不能以无聊消遣视之。

陈述叔《风入松》词

朱庸斋

述叔《风入松·重九》词，深为叶遐庵所赏，谓其“沉厚转为高浑，此境最不易到”。其实述叔此作，亦从梦窗化出，但能遗貌取神，一洗秾丽字面，而以气势、筋力见胜。词云：“人生重九且为欢，除酒欲何言?佳辰惯是闲居觉，悠悠想、今古无端。几处登临多事，吾庐俯仰常宽。菊花全不厌衰颜，一岁一回看。白头亲友垂垂尽，尊前问、心素应难。败壁哀蛩休诉，雁声无限江山。"前人咏重九，必写登高临远，而述叔却写重九不出，真所谓"言在耳目之内，情寄八方之表"，读之使人忘其浅近，自生远志。此词尤善用虚字表神，如"且"、"欲何"、"惯是"、"全不"等，皆极跌宕之致。

彊村、遐庵俱赏述叔《风入松·重九》词，其实"甲戌寒食"之作，似较"重九"更胜。字面去梦窗愈远，而神理愈深，所谓"远密入疏，寓浓于淡"者，语淡而情苦，真合重、拙、大为一手。词云：

人生离合似萍蓬，时节苦匆匆。年年寒食空相忆，今年见、蜡烛光融。往事山河梦里，高谈风雨声中。承平冉冉逐孤鸿，天阔更无踪。相携便作佳期看，亲知面、也算遭逢。几点飞花门巷，依然故国东风。

《海绡说词》

朱庸斋

陈述叔《海绡说词》本有概论部分，彊村《沧海遗音集》未收。其内容主要有十方面：一曰"本诗"。此乃常州派词论，谓词继承《诗经》、《楚辞》而代兴，以美人香草道达幽渺之情。二曰"流源已变"。以温、韦、二晏、六一、周、吴为正统，以苏、辛为变。又抑白石而尊梦窗。三曰"师周、吴"。本周止庵四家之说。然更谓进周、吴为师，退辛、王为友。四曰“以‘留’求梦窗”。“留”者,停顿也,留有余地也。每个意境、每种笔法皆须如此。五曰“贵守律”。严格依照平仄四声。六曰“贵拙”。“拙”者,含蓄也。七曰“贵养”。谓德养、学养。八曰“内美”。不惟求字面美,尤须求内在美。九曰“由吴以希周”。自吴文英以进周邦彦。十曰“襟度”。指作者之胸襟见解。

黄遵宪自撰斋联

萧　元

公度退居日,尝自撰楹联二则,潘兰史为之书,悬书斋中,人谓双绝。联云:

药是当归,花宜旋覆;
虫还无恙,鸟莫奈何。

一云:

万象咸归方丈室,
四围环列自家山。

大有东山高卧之概。余尝三过人境庐,犹见“万象”一联悬小楼中,“药是”一联,则未之见也。

丘逢甲自撰斋联

莫仲予

丘逢甲内渡后，其恢复大志，流露于其所作诗文以外者，往往见之。关达明丈尝为余言，童年时尝随其尊人谒逢甲于沪滨，见其斋中有自书联云：

天下英雄，使君与操；

蛮夷大长。老夫臣佗。

时当辛亥革命前夕，中山先生叱咤风云，故以先主许之；而已则兼南武、魏武于一身，大有枭雄气概，集句亦豪迈而切，诚大手笔也。

何淡如谐联

萧　元

何又雄字淡如，南海人，同治元年(1862)举人。尝任高要县教谕，后设馆省港间，徒从甚众。性恢谲幽默，其趣闻趣事，里巷流传甚广，能书善画，尤擅谐联，语出每令人喷饭。虽属游戏文章，然每寓警世之旨。其对仗工整，出语浑成，才华自见。如：

一拳加出眼火，对面睇见牙烟。

有酒不妨邀月饮，无钱那得食云吞。

四面云山谁作主，一头雾水不知宗。

又《花炮》联云：

周身花，果然好样；一肚草，格外大声。

《戏棚》联云：

滚滚江山，只为大花面争权，国老无能终散局；纷纷世界，怎得正武生掌印，奸臣尽灭至收科。

《观音醮坛》联云：

我本一片慈悲，有时黑面做埋，只系收磨恶鬼；你若十分诚敬，如被红须扭过，何妨直禀灵神。

神来之笔，亦庄亦谐，直匪夷所思。

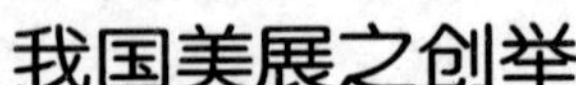

我国美展之创举

黄伟强

1907年，高剑父由日本美术院校毕业回粤，与潘铁苍(达微)、何华仲(剑士)、尹涤魂(笛云)三人发起举办图画展览会，于广州城西下九甫兴亚学堂展出。内容分四个部分：一、同人绘画之定评；二、同人绘画寄售；三、同人即席挥毫；四、陈设古画观摩。当时报刊记载展览情况云：“美术界云集数十人，所绘花卉、翎毛、山水、人物、飞潜动植等,各竞所长,五光十色,璀璨陆离,极一时之盛。自开会至散会,入场参观者二万余人。所绘各种画件均已售罄,博雅群众亦多向隅。现高君等欲于暑假前后开第二次,想届期必更大观。敬为图画前途祝,更为中国前途祝!”斯乃我国美展之创举。

以画寄情怀先烈

黄大德

潘达微营葬七十二烈士于黄花岗后,每年逢黄花节及重阳,必绘画一帧,并题识纪念。现把能记及者录下:

1925年重阳,作《秋菊图》,题诗曰:“一夜秋风起,黄花照眼明。莫愁霜露冷,好梦是凄清。乙丑重九,冷残涂于香澥。”

1926年黄花节,作《黄花正气图》。署“丙寅冷残”。

1927年黄花节,作黄菊红棉图:题云:“吾粤两般千古事,黄花开后又红花。丁卯黄花节,雨窗写此,感慨不胜。冷残时客香澥。”

1928年重阳,作《菊残松老图》。题云:“菊残松老渊明死,从此东篱属阿谁?冷残涂于病中。”

1929年黄花节,作《黄花图》。题云:“应革命纪念会之属,冷残写于病中。”

乔装行乞写《流民图》

刘　山

1917年，潘达微与黄少梅，化装乞儿，到佛山一带体验贫民生活。在码头车站，与鹑衣百结的乞儿为伍，谈天斯混，残羹剩饭，席天幕地。归后，两人遂成功地写下《流民图》，当时在广东画坛引起了轰动。潘没后，邓尔雅挽云：

画大士，绘地狱相，写流民图，众生度不尽；

受浮屠，入泥融觉，得菩萨病，净土归去来。

曾献声挽云：

制流民图，变庄严相，要西方浪漫艺术作立场，如此江山，那堪再画；

创孤儿院，收烈士骸，以佛法无畏精神说革命，剧怜党国，及丧斯人。

画圣与画仙

黄大德

1933年11月2日，高奇峰在上海病逝。张坤仪在党政要人中为高奇峰丧事奔走，求得林森亲题墓碑："画圣高奇峰先生之墓。"高剑父闻之，大为不悦，怒曰："他为画圣，将置老夫于何地?"时门人方人定于一旁慰之曰，"老师百年之后，题画仙可也。"剑父闻之，哭笑不得。

佛化美术家

刘　山

潘达微乃一奇人，毕生从事革命，然又信奉佛教，每年观音诞，必刺指滴血绘一观音大士像。平素作画，亦多以观音入画(笔者现仍存潘达微写观音，黄般若补石，邓尔雅书般若波罗密多心经之中堂一帧)，故有"佛化美术家"之誉。1929年病危之际，仍滴血绘观音像。潘氏殁后，数百挽联中有数联纪其事，现录一联于下：

刺血画观音，敬佛笃遵慈母训；

上书埋烈骨，纪功曾著党人碑。

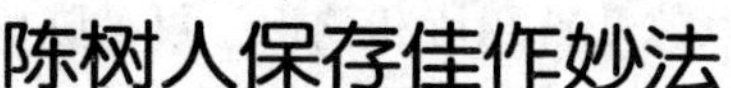

陈树人保存佳作妙法

黄纬堂

陈树人伉俪情深，白头相守。往日传闻，谓陈树人常将佳作贻其夫人，人多惑之。或问于树人，树人惟微笑，不置答。对此，我不知是否真有其事，亦不解。

1978年9月，陈树人亲属陈真魂、陈善魂、陈美魂和陈适等，把珍藏多年的陈树人遗作二百六十八件，捐献给广东省博物馆。翌年春，省博选出百余件，举办《陈树人先生遗作绘画捐献展览》。我前往参观，就看到多件题了其夫人上款的。当时只摘录了几件：作于1924年的《秋江冷艳图》，题“尽多佳胜好池台，却向空江冷寂开，至竟铅华徒自惜，众芳芜秽总堪哀”一诗，并识：“甲子秋九，为若文内子清娱。葭外渔子陈树人写”。作于1944年的《松梅》，落款为“卅三年生朝写奉若文夫人清赏”。1945年在重庆写的行书条幅：“任他飞瀑震天鸣，自喜微流带细声。保得永清纯洁体，未妨低处是前程。咏山涧小泉近作，录为若文夫人清吟。卅四年大暑。”又1948年所作《梅竹图》题诗云：“风厉霜凄有节操，冰澄玉洁见精神。喜留天壤双清在，占得常妍不老春。”落款为“卅七年元旦，绘呈若文夫人欣赏。得安老人树人并题于沪”。

细读这几首题诗和款识，可见陈树人一时一地的处境和感慨。然而他当时的心态到底怎样？最了解的恐怕莫如他的夫人了，所以只有题给夫人，才能体会，并对他的艺术意境引起共鸣。这就是陈树人用意的一方面。再从艺术角度上看，这几件都是精品，作者落了夫人的款，也可以说是志在保存其惬心之作。

冯玉祥的条幅

郑宇成

1941年春,当我还年轻时,曾在重庆市曾家岩张家花园中国农民银行行员训练班任干事。班主任是孔祥熙,副主任为顾翊群。学员是从全国各大学应届毕业生中选拔来的。每期约一百人左右。银行专业教授有梁庆椿、乔启明、黄炎培、章乃器、王芸生等。班务具体工作由几个年轻干事受命办理。此外并由孔祥熙具名临时邀请各地名流飞渝讲学。冯玉祥将军就是从成都请来的。我的任务是接待客人和担任学员们开小组讨论会时指导工作。冯老一大清早就来了。老人家平易近人,很喜爱青年。一见面便笑说:"你们请我讲学,我不是这个料,讲什么好?"我答:"没有规定,一般多谈战时经济和财政金融问题。"很有趣,冯老真的在课堂上为我们上战时经济课,兴高采烈,谈笑风生。他谈到打仗时要注意收回枪炮弹壳,回收铜料就是生产,行军时路上要捡拾马粪晒干作燃料,为战士取暖。引得大家哄堂大笑。下课,余兴未尽,索笔写下"要收复咱失地,别忘了还我山河"的条幅送我留念,我一直珍藏至今。据悉泰山顶上也有这两句话的石刻,何以如此吻合?

刘海粟为康有为代书

刘华庵

1921年间,广东水灾,上海广肇公所发起书画义卖筹款散赈。时康有为自海外归来后,寓居沪滨。公所请他参加义卖,康以桑梓急难,义不容辞。但一经见报,索书者纷至沓来,致日书楹联数十,仍不足应付。刚巧刘海粟学书于康氏,遂亲书数款,命海粟照样临摹,由其幼子及婿盖其印章。日亦售二三十副。故康书存世颇多,惟书伪印真,难乎后之鉴藏者耳。

联义社的革命活动

刘文澜

"联义社"的全称是"联义海外交通部",为民国前二年孙中山先生于美国三藩市创立,旨在联络海外爱国义士进行革命活动。到了1918年,广州的联义社由赵植芝等社员租了泰康路泰康新街三号作社址,宣传三民主义。他们成立海外华侨演说团,社员有谭达三、邓宏顺、何汉强、刘霖等，每天到市内各区人稠处向群众演讲。

某天，中山先生看粤剧，丑生黄种美正在台上演唱，讽刺袁世凯，为中山先生所欣赏，遂请他参加联义社。因戏班的红船经常来往省港及四乡，军阀当局对之检查较松弛，便于传递讯息和筹措军费。从此，千里驹、廖侠怀、陈非侬、白玉堂、上海妹等艺人也陆续加入联义社，一时八和子弟参加者达一百余人。他们曾协助从香港运回军械。1921年北伐，粤剧义演募款，由社员市公安局侦缉课长吴国英维持秩序，于海珠戏院连演五日夜，募得北伐军费二万八千余元。

琳琅幻景话剧社的黄寿年、胡津霖等后来也加入了联义社，他们演《梁天来告御状》，旨在鼓吹革命、打倒军阀、讽刺当道。被当时军阀控制下的警察厅禁演，该剧社因而转赴上海继续宣传。社员李文添在双门底开了间眼镜店以掩联义社员活动。龙济光大抓革命者时，社员胡颂良在澳门行医，妥善招待安排了由广州逃港澳者。

联义社员谢盛等继琳琅剧社之后创立采南歌童子班于广州，童子班成员也加入联义社，他们的演出，得到邓泽如及南洋侨胞的赞助，到处宣传革命。该班后来加入八和会馆，成为正式戏班。

联义社员千里驹(区仲吾)为人正直，声、艺精湛，梨园后秀薛觉先、靓少佳等都得到他的提挈教导，在讨陈、讨袁和北伐中，协助运军械、传密讯，也为革命做了不少工作。

民初之志士班

邓警亚　梁锡鸿

清末民初，粤剧中有所谓“志士班”者，原自党人宣传革命而创建，曾哄动一时，民国以后渐趋衰落。

一、采南歌剧团。光绪三十年(1904)间，粤人程子仪，得港商李杞堂资助二万元，成立采南歌剧团。陈少白任编剧，剧目有《黄帝征蚩尤》、《六国朝宗》等。维持不及三年，“振天声”、“琳琅幻境”、“优天影”相继出现。

二、振天声班。陈少白创立。以宣传革命为宗旨。以剧本及布景新颖，备受港人欢迎。上演剧目有《自由花》、《格杀勿论》等，皆陈自编撰。布景则由名画家关蕙农负责。关曾师事居廉，与高剑父、高奇峰同门。

三、琳琅幻景班。由香港工商人士斥资组织，专演话剧，演出剧目以《梁天来告御状》一出为最著。

四、清平乐班。组于民国以后，为中华革命党人创办，亦演话剧。

五、优天影班。为顺德黄鲁逸、香山黄轩胄、三水欧博明等共同组织。以运用白话演粤剧，一

洗沿用广东官话唱白旧套，令人耳目一新。黄鲁逸任编导，黄轩胄撰曲兼饰女丑，欧博明任正印武生，并聘退休名旦牡丹锦为师傅传授演技。演员中著名者有旦角郑君可，丑角姜魂侠、李小帆，小武靓雪秋。此外尚有小生王秀峰(日本留学生)，花衫李瑞庄、庞一凤，网巾边梁大公、何小荣等。演出剧目有：《黑狱红莲》、《贼现宰官身》、《火烧大沙头》、《大闹沙基》、《尉迟恭大战关云长》、《徐锡麟刺恩铭》、《虐婢报》等。其主旨在反清、反封建，讽刺滑稽，因而风靡一时。

六、振南天班。南海陈铁军及何侣侠组织，后因被清政府缉捕逃亡而散。

七、醒天梦班。东莞陈铁军创办。演出剧目有：《熊飞血战榴花塔》、《袁崇焕计斩毛文龙》等乡土历史剧，为清吏所忌。南海县缉捕误将振南天班之佛山陈铁军逮捕。

八、现身说法社。佛山陈俊明组织。自任丑角，聘老艺人洋狗仔为导演。主要演员有骆锡源、新周瑜利等。陈为革命党人，曾参加振南天班。

九、醒同群女科班。庚戌起义失败后，女党人吴丽珍与侄朱基在香港创办。黄花岗起义前，曾率艺徒往来省港秘密运送武器。演员有朱次伯(吴丽珍之子)、李雪芳(后成名优，与梅兰芳齐名，有北梅南雪之誉)、苏醒群等。

十、移风社。进步人士组织。

十一、警世钟班。名花衫冯敬文属之。

十二、天演台班。俏丽康属之。

以上各班皆一时新兴组织，与传统粤剧八和会馆戏行不同，因此被人笑为“九和友”。原戏行班主之吉庆公所视为异端，不予接受。遂因经营困难，终渐湮灭。演员或转业，或投入八和会馆。志士班遂渐成历史陈迹。

《今梦曲》

王参元

粤中弹词，惟《摸鱼歌》系统中板眼分明之粤讴与南音两调，习为瞽者所歌。瞽师长于南音，以古筝和之，缠绵悲壮，各得其宜；瞽姬长于粤讴，伴以琵琶，细腻悱恻，婉转动听。其词向为里巷所制，既乏文采，每多淫靡。清季以后，粤中文风日盛，士人宴集，每感征歌之难乎其选，一二词人，遂铤而为之创制。于是粤讴则有招子庸之《粤讴》，南音则有叶廷瑞之《客途秋恨》、何惠群之《叹五更》。渐流行于里闬，潜移默化，群众欣赏能力及文化水平，因以提高。

清末民初间，有瞽师钟德者，东莞人，美丰仪，擅唱南音，其嗓清脆，乍听如十八女郎。每引吭则自弹古筝，其徒阿水操椰胡、阿浩吹洞箫以和之。时而一板七眼，悠扬清远；时而急管繁弦，玉盆珠落。复独创“浪里抛舟”、“寒泉咽石”、“懒画眉”诸腔，听者为之神往。由是驰名省港，延致者无虚夕。

当时南音曲本无多，俚俗者不为时尚。时粤中名士，旅港日多，爰据《红楼梦》说部撰为《今梦曲》十四阕，付钟德歌之。德名益大振。一时名商、巨贾、文士、闺阁，排日征歌，而钟德则长袍小褂，端坐轿中，其徒负琴以趋，往返省港间，无暇晷矣。

《今梦曲》文而通俗，雅而易晓，端人妇妪，乐此不疲。曲词如《芦亭赏雪》之“冬风一夜雪花飘，寒恋重衾晓梦遥。宝鼎麝煤熏细细，重帘不卷冷香销”。华彩缤纷，得《花间集》之遗。

如《潇湘夜雨》之“虽则死生有命人难强，独惜花开无主枉生香。漫言感激酬知己，只剩襟头泪两行”。缠绵伤感之至。

如《潇湘琴怨》之“人寂静，夜三更；不觉棋声敲落日初沉。正系一局未分谁胜负，黑白分明各用心”。言外深意，笔自神来。

如《黛玉葬花》之“垂泪沉吟思昨夜，恰逢今日饯花天。亏我愁绪满怀新旧叠，怎怨无计留春惜妙年。独惜花谢花开怜扑蝶，咁就春来春去怨迷烟。正系人比春花花易谢，谁如秋月月常圆”。对仗工细，感慨万千。不似《葬花词》，胜似《葬花词》。

如《晴雯别园》之“忙跪下，禀原因；莺喉轻转叫一句夫人。奴奴自入怡红院，屈指如今五载春。深闺谨守钗裙礼，闲庭风月总无闻。纵有斗草评花都雅事，不过偶然嬉戏度光阴。就系园中

姊妹皆安分，高堂咫尺岂无闻？哀求请息雷霆怒，春风何必为莺嗔!肝胆难逃秦镜照，心如霜雪不沾尘。点晓怎知到花落今朝难返树，还求明白，免屈我地我们钗裙”。侃侃而陈，哀而不怨。口齿伶俐之晴雯，如在眼前。起曹雪芹于九泉，亦当浮一大白。

惜乎钟德殁后，继响无人，《今梦曲》遂如《广陵散》矣。

徐柳仙与《梦觉红楼》

钟　彝

20 世纪 30 年代广州歌坛上，出现两颗灿烂夺目的明星——邓曼薇和徐柳仙。邓曼薇艺名小明星，以平喉雄霸艺坛，成名较早。论成就，她的“星腔”已风靡一时，至今犹被人们作为典范。然而吐字虽清、运腔虽圆而失诸滑；对曲词和词藻没有深入理解；对曲中人物的个性，尚欠深刻体会，这是“星腔”的缺点。稍为克服这些缺点的，惟有后起之秀的徐柳仙足以当之。

徐柳仙乳名牛奶。自幼沦落青楼，鸨母以她年小，延一瘾君子名叫跛棠的师傅教她唱曲。当时住在香港九如坊二奶巷。最初学唱公脚，加上师傅的“烟喉”，因而练就柳仙一副稳重沉实的嗓子。后来公脚喉不为时尚，改学平喉。凭着她的聪明和努力，不数年间，便可以登台演唱。不料，初试啼声，便遭受挫折。她首次登台，是在香港干诺道美洲酒店天台，由于她有点怯场，结果两次演唱，都不受听众欢迎。她羞愤之下，奔回家中，伏枕大哭。从此，她再加苦练。经过一段时间，终于渐能立足于省港歌坛。

那时，留声机流行，唱片销路日广，不独粤剧名演员纷纷灌片，女伶中如月儿、碧云、妙生、小明星、静霞等，也先后受片商之聘，灌了不少唱片。柳仙这时已小有名气，见猎心喜，决意也进行这项活动。无奈屡为新月、碧架、百代等公司所拒。后来经人介绍，认识歌林公司老板陆某。歌林是新组公司，实力雄厚，拥有名音乐伴奏家多人，柳仙几经斡旋，陆某才勉强答允，约定时间录音。但柳仙却后期而至，原定伴奏乐员多已散去，留下的仅梁以忠、吕文成二人。通过情商，才由梁领纮、吕掌板，并临时约下架数人为录制《梦觉红楼》一曲。

该曲的产生，是在年前一个盂兰节的晚上，一班名士如谭乔尚、邓芬、何蹑天等，在上海邀名妓梦觉同观水陆道场盛会，在筵席上集体创作的。全曲多集宋词丽句，故典雅缠绵，深入浅出，为时人传诵。歌林唱片公司复延邓芬主唱，梁以忠乐队伴奏。邓芬以世家子为名画人，歌喉称绝。这次柳仙再灌《梦觉红楼》，她本人认为身世与梦觉相似，唱腔与邓芬为近，而且当柳仙在澳门登台时，于某俱乐部中，由邓芬亲授此曲。

邓亦黑籍中人，于是横床直竹，按拍灯前，遂得真传衣钵。虽然邓芬不久前曾灌过此曲，柳仙却自信有同曲异工之妙，不会影响唱片的销路。

录音结束后，柳仙踌躇满志，而梁以忠则认为对《梦觉红楼》的伴奏，虽然驾轻就熟，但吕文成只擅唱子喉、玩二胡、打扬琴，掌板则非他所长，其他下架又是临时凑数，未经排练，更无分发唱词，故对这次伴奏成绩，极感不满。不料唱片一出，畅销异常，大出歌林老板所料。而柳仙的名气，也因而与日俱增。跟着，歌林再约柳仙灌制《再折长亭柳》一片，从此，柳仙更加走红，与小明星并驾齐驱。

丘逢甲应试

罗冠群

爱国诗人丘逢甲,1864 年出生于台湾苗栗县铜锣湾。幼聪颖,勤奋好学,气宇不凡。年十三应童子试,因家离考场远,要登山涉水。其父丘龙章随伴送行,行倦时,父负之而走。途遇一秀才,知为应试者。以其年小,欲试之,即以"以父作马"使对。逢甲略一思索,对曰:"望子成龙。"对得贴切工整,秀才叹为奇才。

逢甲既抵考场,对号入座。主考官是丁日昌。见丘逢甲年纪小,最先交卷,颇以为奇。就以"甲年逢甲子"为题,叫他试对下联。逢甲即以"丁岁遇丁公"对之。原来那年正是丁丑年,又恰姓丁，对得绝妙自然。丁日昌初以为偶然巧合，再叫逢甲咏台湾风光《竹枝词》，也见才思敏捷，倚马可待。日昌以为神童，对他格外垂青，并赠一枚图章，刻有“东宁才子”，其荣遇可知也。

丘逢甲乡居琐事

何新华

丘逢甲内渡后，1895 年在蕉岭县文福乡淡定村定居。乡居期间，对待乡亲宽和亲睦，乡人也极喜欢跟他接近，甚至异姓父老，都叫他为“二哥”。他喜欢喝茶，小盏泥壶，若潮汕人士。四十岁后喜抽旱烟，用四尺长之墨竹烟杆，并以代杖。平生不嗜酒，不好声色。乡间有误认他为武进士者，逢甲纪以诗云：“书生面目太槎牙，太息封侯念已差。漫说旧衔同武爵，颇闻外论比文虾。”

从 1897 年起，丘逢甲先后在潮汕一带和广州从事教育工作。他“每年寒暑必回里，晨兴挹清气，夜坐玩山月”。他尤其喜欢“登高山，涉田野”，欣赏大自然风光。1901 年春天，他偕邻居陈某，兴致勃勃地翻山越岭，走到文福乡姜畲村山区，在一个农家稍事休息。户主向他索诗，逢甲即欣然挥笔写就《游姜畲，题山人壁》二首。第一首写道：“春山草浅畜宜羊，山半开畲合种姜。比较生涯姜更好，儿童都唱月光光。”写毕，即向户主解释道：俗语说‘养羊种姜，利息难当’；‘月光光，好种姜’。这是我们客家人唐朝以来的童谣。”第二首写道：“东风吹暖好年光，正月蟾蜍已落塘。更乞天公三日雨，山田高下有新秧。”他又解释说：“农谚说，‘蟾蜍落塘，宜下谷种’。农家历来以此为验。”

丘氏乡居期间，极其关心公益事业。例如文福乡左寺旁(即路亭)原有一座木桥，乃当时闽粤往来的必经要道。为长久安全计，他倡议改建石桥，并带头向人募款，撰写《募捐引》。此石桥至今犹存。

逢甲还积极倡导革除乡间奢侈的婚丧、祭祀陋习。与开明父老一起订立规约，撰写《崇俭乡规序》。他对烟、赌尤深恶痛绝，凡遇吸食鸦片者即规劝其戒绝，其家中对那些吸食鸦片烟的来客，皆一律谢绝接待。

他还在乡间提倡果木的种植。据丘念台回忆：“喜花木，凡久归必携数种，归植园庭。”至今其故居培远堂后，仍有一片郁郁葱葱的荔枝林，即是他当年亲手栽植。

黄遵宪护侨事

黄延缵

清末，新加坡等地华侨日益增多。侨胞往来贸易，与国内互相关涉者，有船舶、财产、逃亡、诱拐、诬告诸端。侨胞遇事控诉无门，不胜其苦。

光绪十七年(1891)冬，黄遵宪出任我驻新加坡第一任总领事。到任后，即呈总理衙门核准：今后遇有事端，大者由闽粤总督核办，小者径咨各地道府州县办理。于是侨胞称便。

清初，郑成功据厦门、台湾。失败后，福建沿海人民纷纷逃往南洋各地。清廷颁布《镇国令》，严禁“逸民”返国。福建一带执行更严，妄杀无辜，株连亲属。至是，始由黄遵宪奏准取消《镇国令》。并通告南洋各地华侨：今后侨胞回国，不再受地方官吏压迫。

又当时，非洲及澳洲华侨前来新加坡者，每被当地歹徒抢劫，甚至杀害，抛尸海中。黄遵宪又照会新加坡当局，请予保护。结果，新当局规定凡接客驳艇，必须取得商店及现金担保，领取执照，方准营业，并加派差轮巡查。从此，劫杀之风始绝，侨胞往来遂保无虞。

丁日昌创立轮船招商局

郑　衡

清廷政治腐败，丧权辱国，中国海运及大部分内河，几乎全由外人把持，运输权利，丧失殆尽。丁日昌感到痛心疾首，积极建议发展航运，挽回权利。他说：“国家之有权利也，犹人之有气以通呼吸。今(外人)扼其吭而闭其气，而谓可苟延旦夕，有是理乎？豆饼者，吴商之利也，而夹板船争之矣；湖丝者，浙商之利也，而洋泾滨各洋商争之矣；茶叶、大黄各杂货，楚、粤、闽各商之利也，汉口、福建诸洋商争之矣。守则海口无可防守，而长江随处可入。古者夷狄患在耳目手足，……今心腹受疾，药石所不能制，针灸所不能施，此忠臣义士所当急起图维变通而补救之也。”他还提出“购西洋之机器，师西洋之巧匠，……使轮船飞炮，彼能为我也能为；西海东海，彼能往我也能往。”

1864年，丁日昌向李鸿章建议，设厂造船，允许华商独资或集资购买洋船。为了与外国竞争，挽回权利，在他苦心经营下，建立了一支新式的航运企业——轮船招商局，接着在李鸿章与沈葆桢的支持下，于1877年购入了美国旗昌洋行全部船只十六艘，及其在上海、汉口、天津、九江、镇江和宁波的码头、机房，为该局充实了基础。招商局轮船公司遂一直执中国航运事业之牛耳。直到解放前，依然是中国首屈一指的轮船航运公司。

广乙舰总管轮马淇锐

马景曾

光绪二十年(1894)，日本出兵侵朝鲜，进而武力侵略中国，甲午中日战争开始。当日出身于广东水师学堂的台山人马淇锐，曾参与这次在近代历史上震动全球的我国反抗侵略的斗争。

是年七月，日本侵略军队闯入朝鲜，同时，盘踞牙山的日军向中国军队突然袭击。战争即将爆发，中国才仓卒应变，派兵出援；并重金雇用英国高升号等三艘商船，载兵二千驶赴牙山，由中国兵舰济远、广乙、操江等三舰护送。广乙原为广东水师外海兵舰，拨北洋水师调遣指挥，由马淇锐任总管轮。

日本军舰麇集牙山口外，拦击我国船舰，发炮围轰。高升轮中鱼雷被炸毁，官兵七百多人殉难。济远舰竟临阵逃跑，广乙、操江被围攻。广乙总管轮马淇锐沉着掌轮，极力支持管带(即舰长)率同官兵力战。马淇锐善于迂回冲驶，配合发炮，击伤了敌舰。但广乙舰亦遭敌炮弹多发轰中，重创沉没。马淇锐等泅水至牙山附近岸际，由我陆军援救上岸。

广乙舰海上交战时，马淇锐因受敌舰大炮连续猛轰的巨响所剧烈震动，耳膜伤坏，医治后仍一耳失聪，不能再服军役，乃请退伍自谋生计。

孙中山之恕人度量

邓警亚

孙中山《伦敦蒙难记》世人皆知之。其误中奸计至困于清驻伦敦使馆一事，则由汉奸邓琴斋所致。邓毕业于香港皇仁书院,以捐纳得任使馆译员,与中山偶遇于公园,以份属同胞,中山遂将革命抱负,坦率相告。其后应邀赴其寓所晤谈时,遂中奸计。

辛亥革命后,中山自欧回国,经香港时,留港同志谓邓琴斋犹在此地,拟请将其处死。中山谓琴斋过去行为虽不可赦，然亦受当时公使龚照瑗主使,尚非出自本心,且此案揭露之后,英国朝野反感,腾播全球,在我本人虽略受折磨,而于本党则有利无害,权衡得失,可置勿论。若重修旧怨,潜行报复,不独妨碍港方治安,且玷及吾党声誉,对革命前途不利。琴斋遂得无恙。

吴稚晖谈师事孙中山的经过

曹磊石

抗日战争期间，我在重庆教书，通过朋友介绍，曾几次获见吴稚晖老先生。向他请教，承他娓娓道来，其中事实，多有未见于报刊及史册者。如他谈到师事孙中山先生的经过时说："1904年，我东渡日本留学。翌年，孙中山也寓居日本东京一家旅馆里，忙于组建同盟会。我的同学和朋友，有不少人入了盟。他们一谈到孙中山，都肃然起敬，常说'先生'是怎么说或怎么主张的。这'先生'，不是社交场中的一般称呼，而是古书上所谓的'夫子'(老师)的意思。我一听就觉得奇怪，这孙中山究何如人也，何以能使其党徒如此敬重?我出于好奇心理，耳闻不如目见，决定亲身访问他一看究竟。我投了名刺，孙先生把我接进厅房，一见如故，使我觉得稀奇的是：他厅房四壁，摆满了许多书架，每个书架上，都放满了中外书籍。寒暄后，我向四壁的书架上抽看了几本，翻开卷页，卷头上都用铅笔或钢笔写上内容摘要或读后感一类札记。说明这些书籍，他都详细阅读过了。其中我发现一架新购进来还未阅读的图书，打开卷页，每篇都很新净。随后我向他提出要推翻清王朝、建立民国的一些问题,请他解答。他胸有成竹,对我提出的每个问题,都作了简明扼要的解答;有些地方还十分周详,使我衷心地钦佩他的远见卓识。我告辞之后,过了半月,又第二次造访。他接待我更加热情了,简直把我当成老朋友一样。我走向那架新书,连接抽看了好几本,卷头上见到了他的札记。说明这架新购进的图书,又已阅读了不少。这不禁使我大吃一惊。他每天接待朋友、宾客和参加革命组织的同志,并为促进革命事业的开展,不时东奔西走,怎么还能有这么充沛的精力,每天阅读这么多书籍呢?古人有言:'有非常之人,乃有非常之事业'。要推翻清王朝,建立民国,那确实是非常之事业。在他这样非常的革命领袖的领导下,我相信他的事业是会成功的。我于是请求加入同盟会,并亦以师礼事之。

吴稚晖谈孙中山的襟怀和度量

曹磊石

我在重庆谒见吴稚晖先生,谈到孙中山先生的襟怀和度量时,吴先生说:"孙先生就任临时大总统后,我到南京去看他。他留我住在总统府里,朝夕相见。他每晚把明天要办的事,一件件告诉秘书长胡汉民,并把办每件事的原则和方法都说得很详细。胡唯唯接受下来。但到第二

天晚上，向他汇报办理的经过时，许多事情没有按照他的原则和方法处理。孙先生总是点头认可，全无愠色，只说：‘某件事你虽未按我的原则和方法去办，但你这样办也好。’我耳目所及，当今世界各国的领导人，像孙先生这样的襟怀和容人的度量是少有的。由于他的胸怀坦荡，待人宽厚，民国建立以后，除陈炯明叛变之外，即使险毒嗜杀如袁世凯，也没敢对孙先生动杀机。

徐宗汉患难奇缘

罗冠群

徐宗汉，广东中山县人。早年加入同盟会，曾与名画家高剑父、潘达微等组织同盟会分机关以发展党务。黄花岗一役之前，宗汉为革命运输枪支弹药，不避艰险，有巾帼不让须眉的气概。

宗汉把机关转移至广州市河南溪峡，外表类似颜料店，实际为军械收发之地。宗汉的任务是分发弹械给先锋队员。其门外贴着大红对联，俨然如办嫁娶喜事，故人不之疑。

1911 年 4 月 27 日下午，黄克强英勇指挥，率先锋队猛攻督署后，手受重伤。在血雨腥风的广州街道夜色朦胧中迷了路，言语又不通。但他知道目的地在河南溪峡，伪托办喜事的胡宅——一个党的秘密机关。几经辗转至溪峡机关，宗汉为他裹伤，慰勉备至。四月初一，克强改装，宗汉亲送至哈德安轮船，伴随赴港。当时轮上已没有房间，克强坐在大厅沙发上，宗汉以身翼护，妥为照料。

克强以指伤过剧，还有一指欲断未断。宗汉乃护送入雅丽氏医院割治。照例割症须有亲族签字负责。宗汉义不容辞，权以妻室名义签字。克强感激在心，不久伤愈出院。徐黄患难奇缘，至今传为美谈。

张竞生的《民需论》

吕　器

张竞生先后两度留学法国，垂十有余年。他醉心18世纪法国启蒙运动的伟大思想家、哲学家卢梭的“天赋人权”、“自由平等”的学说。认为“民之自由，天之所畀”，卢梭的不朽著作《民约论》，公开揭示“主权在民”的原理，其宗旨在争取人民的基本权利，成为法兰西革命的强大动力。张竞生据此原理，结合我国当年的客观情况，孜孜探求我国富强康乐之道，引申发展为《民需论》。认为当今中国人民最迫切需要解决的是“生存、智育、艺术”的三种需要。

他这种爱国爱民的政治主张，曾散见于他前期的代表作《美的人生观》、《美的社会组织法》等，但提到纲领的高度作系统化阐述，还是1947年的事。

他说："所谓民需是指生存、智育、艺术三种的需要，这三需是天赋的人权，每个人从呱呱坠地生下来以后，即有此三需的要求。不论任何人甚至父母都不能侵夺，任何政府也不能漠视。三种权的需要在人生中是不可缺一的。"

他认为卢梭的《民约论》引起法国革命要求取得人民政权。然而革命的效果，仅为政治的改善，其对于社会及经济制度，无多大补救。它的过失在于忽视人民的三需权。《民约论》虽然争回了人民的自由，但尚不足以达到人民的希望。人民的需要，不独为自由，而还要一种比自由更切实的三需权呢。

他提出"民需论"的政治观点时，指出今后所希望的民主是：三需的民主，即生存权、智育权、艺术权的民主，在生活上能得到衣食住行最低限度的解决，又冀求在经济外，着重教育及艺术，然后将经济为全部的智育化与艺术化，这样生存始有意义。

如何解决生存的需要？他强调务须先从农业入手。惟按建设步骤，必先农业，次及工商。如何解决智育的需要？他呼吁必须打破士大夫的特殊阶级，而达到普及教育，不但要国民教育的普及，而且要专门及大学教育的普遍。同时要实行科学运动，研究科学知识，提倡科学教育。如何解决艺术的需要？他主张普及艺术与普及教育可同步进行,打破空间隔膜,缩小城乡距离,打破艺术为少数人所专享。要求做到艺术社会化,社会艺术化。

张竞生提倡计划生育

吕　器

张竞生留学法国里昂大学, 得哲学博士学位后,怀着匡时救国的抱负,于1920年春,经香港返抵广州。行装甫卸,即向省长兼督军陈炯明条陈,倡议计划生育,请从广东做起,然后推广全国。条陈略谓:他留法多年,深受制育学说之濡染,坚信马尔萨斯人口论,言之有理。并认为我国人口能永久保留四亿就好了,如不得已时,就减少为三亿也够了。一国的强盛,不在人口繁多,而在于人人都具有人的资格。我国现在虽有人口四亿,但多数无人的效率,以致十人或一百人费了许多粮食,而所做的工作,抵不过一人之多。他强调制育不是绝育, 制育的目的全在优种,只求人口素质的美善。如今我国人口众多,衣食不足,教育落后,以致多数无教无养,无人的效率。故人愈多,家愈贫,国愈弱了。他呼吁陈炯明及时制订制育法令,设立避孕局,凡一切避孕方法、药品、器皿等等,尽力宣传与极便当地供应,务使人人有避孕的常识,家家有避孕的药

品、器皿。他大声疾呼要优生、少生、晚婚，提倡一对夫妇至多准生两个儿女，超生者要罚。

当时已有绕膝儿女十余人的陈炯明，看了他的条陈，以为矛头针对自己，斥为谬妄。对左右说："此公大概有神经病吧！"

张竞生提倡计划生育的条陈，在当时虽然未曾见效，但他的爱国热情与科学头脑是令人敬佩的。

民间戒烟运动倡导者马柏涛

马景曾

清朝晚期，广东有个民间戒烟组织——广东戒烟振武宗社，它的主要倡导人为台山马柏涛氏(1875—1960)。

柏涛重儒家之学，尊崇孔子。他对林则徐厉行禁鸦片，力抗外侮，极为赞仰。清末时，鸦片流毒蔓延，他极为痛愤，和粤垣教育界及社会人士谈论，均厉声疾呼，劝导戒烟。并提倡武艺，以振发民族精神，洗脱东亚病夫之耻。乃约同谭学衡、叶惠如、林赞卿、梁乾初、潘漱生、罗乐之、黄景南等人，发起成立广东戒烟振武宗社，在粤、港等地积极鼓吹和劝导戒烟，以及推广武术体育活动。

此事引起了各方面重视，对当时社会风气起了好的影响。广东将军增祺，曾明令褒扬该社，并以“马柏涛倡办该社卓著成效”，奏保钦加五品衔。

辛亥革命后，该社继续推行社务，至袁世凯篡国，军阀盘踞广东后结束。

马柏涛别号季海，清广东水师学堂毕业。

漫画家何剑士

黄纬堂

何剑士在清末民初时，画了不少泼辣尖刻的漫画(当时称谐画、滑稽画、寓言画或讽刺画)，发表于粤、港、沪各报刊，起过广泛的社会影响。

何剑士生于清光绪三年(1877)，原名昺，字华仲，广东南海人。父为富商。少年时好作远游，东走江浙，西入川滇。曾于成都跟僧人学剑，怀着为天下抱打不平意，因号剑士。

剑士对诗词、书画、音乐、曲艺都很有造诣。所撰粤曲《葬花》、《送别》、《哭庭》、《挂剑》、《游赤壁》、《燕子楼》等，为广州歌坛艺人所喜唱。

他与潘达微为挚交。潘是同盟会员，其思想言行，对何颇有影响。1905年，上海广州等地掀起反对美国“华工禁约”爱国运动浪潮之际，何剑士积极参与活动。随与潘达微等筹办《时事画报》。正当画报行将出版时(1905年8月)，传来了美国总统的女儿将到广州旅游的消息。何剑

士就马上动笔绘制了几十幅谐画，从广州天字码头一直贴到藩司前(现财厅前)。其中一幅画的是“乌龟抬美人”,使美国总统的女儿一行怵然有所警惕。

何剑士是《时事画报》美术主编,他在创刊号上发表一段粤讴:“时事驶乜(为什么要)你报?有画就唔(不)同。任你舌敝唇焦唔讲得佢咁(他这样)切痛,任你手摹指画亦唔显得咁玲珑。呢(这)个画报主人心血热涌,欲把国民唤醒,免在梦魂中。”这段粤讴,不但概括了画报的宗旨,而且反映了一个爱国志士的心声。

《时事画报》是旬刊,延续刊行达八年之久,何剑士每期都有相当分量的漫画发表。同时,他还办了《真赏画报》、《时谐画报》、《滑稽魂画报》等。粤、港、沪许多倾向革命的报刊也特约他的谐画。于是几年之间,何剑士的名声大著。

民国肇立,举国仍在纷争扰攘中,何剑士伤时愤世的情绪就更为激化了，他的谐画锋芒也更加棱厉了。

由于他日间忙于活动，晚上写作往往通宵不休，因而染上了严重肺结核病。可他不顾一切,常带病动笔。最后一幅《蟢子图》,就是躺在病床伏在枕上画的;仅画了十多只蜘蛛在结网,还没有完成,就气绝了。这时,正是 1915 年农历七月十五的深夜。

四十多年以来,在清末民初出版的报刊上,我曾先后获睹他的漫画近千幅。从其大量作品的题材看来,大致可以归纳为四类:一是反帝反侵略的;二是抨击清朝和民国的不合理措施的;三是讽刺贪官污吏种种丑恶罪行的;四是批判社会上的不良风气的。总的来说,何剑士的作品大都体现了他对现实的深刻观察和不满情绪,以艺术的手法寓严厉的批判于嬉笑怒骂之中,作品的感染力是十分强烈的。

鉴藏家黄般若

黄大德

黄般若少从叔父黄少梅习画,得以结识广州各大藏家,藉此鉴赏了大量珍贵古书画。1926年始,由王秋湄之介,认识了黄宾虹、张大千,又由黄宾虹所引,结识了上海的画人、学者、藏家如邓秋枚、易大厂、郑午昌、汤定之、潘兰史、宣古愚等。黄氏此后每年往上海一次,与友人把酒论艺,对古书画之鉴赏,由于日有所积,月有所累,见闻大广,遂成为广东有名的鉴藏家,各方人士,乐与交游。

1937年,徐悲鸿在广州和香港开画展时,得一无款《朝元仙林图卷》,即所谓"八十七神仙卷"者,引以为宝,慕名拜访黄氏,请为鉴别。黄氏看后,曰:"我曾见过另一张武宗元所作的神仙卷。"随即把自己摹自真本的给徐看。此摹本比徐本大,

人物更为开朗有神,线条更为流畅活泼。徐氏观赏再三,爱不释手,欲以让黄氏随意挑选自己所写的两幅画为条件,换取黄氏的摹本,然黄氏以其摹本来之不易而婉拒,徐氏不快而去。

文物鉴藏家杨铨

李静荷

香港陷敌期间，杨铨在文物摊上看到一幅唐代画家阎立本的真迹《文成公主降番图》。一位日本军人正在问价,档主索价军票三百元。当时,杨铨身上没带钱,但恐此画落在日人手里，便急忙对档主说:“三百元军票就三百，我买下了。”说罢,连忙跑回家取钱买回秘藏起来。又有一次,杨铨听说有一幅出土的宋代刘松年《蜀道图》,为一古董商购得,画面虽很残破,杨铨仍登门以重价购藏。

杨铨生活上克勤克俭,但收购古董,却毫不吝啬。解放前夕,他已珍藏中国历代文物六千余件,图书资料数千册。文物中有陶器、青瓷、黑白瓷、青花瓷、釉里红瓷、铜镜、玉器、竹雕、木雕、古墨、书画等等。如南宋龙泉窑粉青釉琮形连座瓶、北宋龙泉窑翠青色釉开小片五咀瓶、元朝青花双耳炉,皆为罕见的珍品。又如五凤人物反纹铜镜,是中外著述中罕见的汉式铜镜。在三万余件历代石湾陶器中，有著名民间艺人潘玉书、黄炳、刘传等人的佳作。

杨铨自誉为“第二海关”，他收藏甚丰，但从不把文物倒卖谋利，反之，千方百计四处搜购流散去海外的文物精品。

这位已故香港文物鉴藏家，是广东鹤山人。为了谋生，十六岁便背井离乡到香港打工，在英国的太古船坞当后生。当中有一位英人酷好中国古文物，家里摆的都是中国古董及工艺品，墙上挂的都是中国字画。杨铨从那英人的口中知道那些古代文物是中国极其珍贵的东西，全世界都有人在收集。杨铨心想，祖国的宝贝不断往外流，多么可惜!何不我自己也来收藏。所以从十七岁起，他便每月积蓄工资从事收购。后来杨铨逐步升为高级职员，经济条件较好，他便成为一个业余文物鉴藏家。

1959年及1964年，杨铨先后两次把毕生收藏的文物及图书资料悉数捐献给祖国，为解放后捐献文物最多的鉴藏家之一。

邹韬奋隐居梅县

黄秋耘

1941年12月，日寇发动了太平洋战争，很快就攻占了香港。当时邹韬奋先生正是他们的眼中钉、肉中刺。日本特务机关千方百计想搜捕他,或者暗杀他。但在我香港地下党防范及八路军驻香港办事处和华南抗日游击队多方掩护下,他们没有得逞。据我记忆,韬奋先生是第一批撤退出香港的。从陆路走,经荃湾、屯门、元朗一线进入东江游击区。

幸而一路平安无事,他们不久就抵达广东省战时省会韶关市。到了韶关,多数人都表示愿意去桂林或者重庆继续坚持进步文化工作和民主运动。可是韬奋先生却坚决要求去新四军控制下的苏北根据地工作。当时正值"皖南事变"后一年多,国民党反动派已经跟我们撕破了脸,穷凶极恶,假如他们能够活捉到韬奋,大概是不会客气的。因此作为粤北联络站负责人的乔冠华同志对这件事顾虑很大,忧心忡忡。后来我们经过反复考虑,认为最好还是让韬奋先生到附近的乡下去"隐居"一段时间,等到局势稍为缓和一点以后再行动身,就保险得多。

当时地下党有些人老家在梅县,好像胡一声是大革命时代入党的老同志,社会关系又多,俨然是一位德高望重的"乡绅",托他找一处偏僻的农村让韬奋先生住下来,相信是不会有多大问题的。

在梅县"隐居"期间,韬奋先生自称是在香港做买卖的,香港沦陷了,就到梅县来投亲靠友避难。他入乡随俗,换上了对襟的"唐装"衫裤,还学会了几句客家话,能够逗小孩子开玩笑。左邻右里谁都不会怀疑他;况且他又是胡一声先生的亲友,谁都敬重他几分。结果半年过去,什么事情都没发生。到1942年下半年,经过乔冠华等同志周密安排,韬奋先生从容不迫地前往苏北了。

柳亚子避难兴宁

何国华

1941年12月,香港沦陷后,包括柳亚子在内的二百多名抗日文化战士、著名专家学者们首先成为日伪追缉搜捕的对象。在这紧急关头,中共华南工作委员会、八路军驻香港办事处接到党中央的紧急指示后,立即集中力量组织营救,终于协助他们化装逃出虎口,从香港到九龙,历尽万苦千辛,才安全到达东江抗日根据地。

著名诗人、爱国民主人士柳亚子携带着女儿柳无垢,转移到兴宁县石马乡刁田粘坑里张华林(张直心)家里。张氏和妻子陈婉聪都是中共党员,这对夫妇热情接待了他们。无论在日常生活上,还是在政治安全上,他们都对这两位不平常的客人关照得十分周到,使柳氏父女像回到自己家里一样温暖可亲。柳亚子为此写了一首绝句,以表达自己当时的心情:“仙侣刘樊共唱酬,三千福慧羡双修。解衣推食寻常事,一笑樽前破万愁。”

柳先生还给热情的主人张华林夫妇一副对联："卡尔良俦推燕妮；孟光清德媲梁鸿。"

柳氏父女在石马乡住了二十天，为了躲避国民党反动派的追捕，他们在中共地下组织派去的连贯同志的护送下，安全转移到广西贺县。

耿介自负的梁宗岱

王福耀

诗人梁宗岱(1903—1983)，卓立特行，耿介自负。年二十八任北京大学教授，与胡适意见相左，即辞职不干。抗战时在重庆复旦大学任教，其同乡梁寒操任国民党中央宣传部长，提名梁宗岱为立法委员，月薪大洋五百元，可谓名利双收。而梁宗岱，视如敝屣，断然拒绝。其兼任国民党北碚译员训练班主任时，当局委以中将衔，并专人送军服至。梁示来人："如务必接受军衔军服始可，则余马上辞职。"来人无奈而去。当局欲笼络之心不息，蒋介石曾令侍从室三次来函召见，梁俱拒之。最后更派梁留德时同学徐道邻驾蒋氏座车来接，来前先以电话托复旦大学校长章益相约。及见徐，梁称："刚下课，饥甚，今日不果行矣，宜选他日。"然终未肯与蒋一见。其耿介绝俗如此。后在广西，国民党省政府主席黄旭初亦派专人邀之任职，梁亦坚拒。

1945年，广西教育界名流雷沛鸿先生以收容因抗战影响而失学之青年学生，邀梁合办西江学院，聘梁任教务长，代理院长。梁宗岱毅然出山，且出钱襄赞。其急公好义又若此。如梁宗岱者，可谓有所为，有所不为者。

徐信符拒就伪教席

萧　元

抗日战争时期，广州沦陷前夕，南州书楼主人徐信符教授，挈眷携同宋元珍本避地香江，与叶恭绰、简又文等举办广东文物展览，以激励民族气节为宗旨。广州沦陷后，伪组织成立广东大学，校长林汝珩乃徐氏昔年任教岭南大学时学生，数度礼聘徐氏任该校文学院教授。徐氏婉辞却之，并赋诗二章见志：

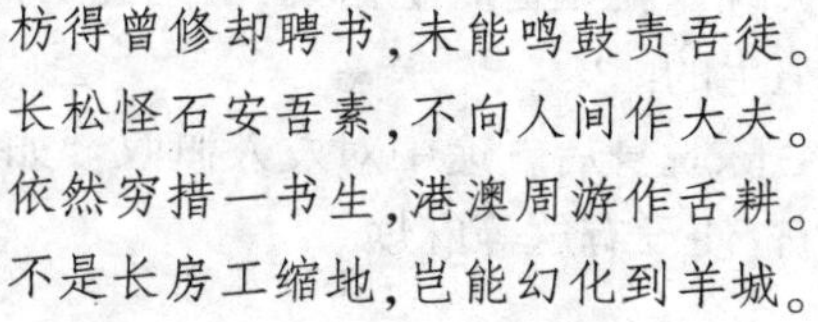

枋得曾修却聘书，未能鸣鼓责吾徒。
长松怪石安吾素，不向人间作大夫。
依然穷措一书生，港澳周游作舌耕。
不是长房工缩地，岂能幻化到羊城。

当时徐氏正仆仆港、澳间，一周中，在港授课于培英中学及仿林女中者三日，在澳授课于教忠中学及执信女中者三日，已无暇晷，是亦徐氏得以婉转措词者。

陈树人食白粥

麦汉兴　龚伯洪

有一次，陈树人与两位画友一起步行到广州河南漱珠岗雅集。路过新庄村，见路旁小食摊的油条香气扑鼻，明火白粥热气腾腾，陈树人顿时食欲大动，便招呼画友停下。但想到身穿长衫，坐街边地摊吃东西似乎有失斯文。于是都脱下长衫，入摊坐定，叫了白粥、油条，据案大嚼。谁知吃得正香时，便有乡人认出他是民政厅长。乡人连忙走报乡长、族长。一会儿乡长、族长前来拜见，并请陈树人到乡公所休息。陈感到有些尴尬，只好以要赶赴漱珠岗雅集婉却。乡长等人仍谓街边白粥不洁，请上茶楼品茗。陈树人哈哈一笑说："就是喜欢吃白粥，白粥经明火煲煮，是很卫生的！"

陈脱身后，途中对友人慨叹："如果我不是做官，便没有这等麻烦。"

玉雕艺人欧钊

李静荷

玉雕艺人欧钊，在20世纪30年代便以善于雕刻金鱼而闻名于世，人们称他为“金鱼钊”。

1925年欧钊十四岁起，拜在玉雕艺人林光门下学艺，而林光则是当时著名玉雕老艺人林振和(人称“道士和”)的儿子。林振和喜欢养金鱼，欧钊学艺时，常常跑到师祖屋里去看金鱼。金鱼优雅的姿态、色彩，深深吸引着欧钊，对他今后的金鱼雕刻艺术，得到启发。

欧钊十八岁那年，广州玉器行业不景气，玉雕艺术品滞销，欧钊观察到惟独彭广源的玉雕金鱼有人买。但在“教会徒弟，饿死师傅”的旧社会，彭广源一向拒绝传艺。欧钊无奈，只得“偷师”。每日清早跑到玉器街上蹲在玉器摊前，仔细观察彭广源雕刻的玉金鱼。把关键部分，一一默记于心。加上学艺时在林振和家看金鱼得来的印象，便取出一块玉料雕琢起来。经过一段时间的磨练，欧钊终于掌握了基本技艺，特别在金鱼的眼睛及尾巴上着意下功夫。由于他突出地表现各种金鱼的特点，雕出的金鱼活灵活现，栩栩如生，很受买者欢迎。“金鱼钊”之名遂不胫而走。

1957年之后,欧钊的雕刻艺术,更加成熟。他喜于根据玉块的形状、纹理和色泽,而定题材和设计构图。爰举他创作的一件"和合二仙"为例:这块玉石高宽不到四寸,厚度只有几分。玉石的正中处有一点橄榄般大小的翠色, 左上角则有小许红色和黄色,其余地方全为白色。经过一番设计,他以那点翠色作个"合仙"手里的盒子,那点黄色就雕出"和仙"手持的禾穗,那点红色,则雕成祥云与蝙蝠,余下的白色的地方,用以雕刻和合二仙。整件作品彩色的运用恰到好处,构图新颖,形象优美、自然。但由于此块玉料比较单薄, 欧钊觉得整件作品的境界还不够深远,于是在右下角加刻了一朵灵芝,以增加作品的层次和深度。

"美人鱼"杨秀琼

欧安年

杨秀琼,出生于1918年,原籍广东省东莞县杨屋村。年甫六龄,即经常与水鸭子展开水上竞赛, 由于父亲是香港南华体育会游泳场救生员,这更有助于她水上竞技的强化训练。十二岁时,在香港游泳公开赛中,即一举夺得五十米和一百米自由泳冠军。次年,她在香港至九龙横渡海峡的近千米竞赛中,又一次在华洋杂处之地,获得桂冠。

十五岁起，杨秀琼连续四年，先后参加过旧中国第五、第六届全运会、第十届远东运动会和第十一届奥林匹克运动会。在这几次参赛中，她都能创出我国当时的最高纪录，真正做到了为国争光。

例如：1934 年 5 月在菲律宾举行的十届远东运动会，在五十米和一百米自由式以及一百米仰泳中，都是占了一边倒的绝对优势。及后在二百米接力赛中，在我方女选手落后于人的劣势下，杨秀琼不负众望，在最后的三米距离时奋力冲刺，终于把对方抛在后面。是役，我方囊括全部五项冠军，杨本人占三四项(其中一项为接力赛)，同时打破远东纪录。从此，南国"美人鱼"的雅号，风靡海内外。

接着，在次年举行的旧中国六届全运会上，她又蝉联一百米自由泳和仰泳两项冠军，同时打破远东和全运会的纪录。还有，1936 年在德国柏林的十一届奥运会上，杨是中国游泳项目惟一的女将。尽管她的技术成绩未能名列前茅，但她在一百米、四百米自由泳中，分别以 1 分 21 秒和 6 分 45 秒 2 的成绩创造了我国的最高纪录。

当时风行国内外的上海《良友画报》，把杨秀琼列为"十大标准美人"之一，和何香凝、丁玲、宋美龄、胡蝶、罗迦陵(上海犹太人富翁哈同的遗孀)、胡木兰(国民党元老胡汉民之女)等当

代女名人并列。

抗战胜利后，她远适异国，最后定居加拿大温哥华。1982年10月病逝，葬于加拿大的海景墓园。

足球名宿李惠堂

刘文澜

李惠堂(1905—1979)，字光梁，别号鲁卫，广东五华人。其父李浩如是香港建筑商。惠堂十四岁就读香港皇仁书院，中英文造诣均深。十七岁入香港南华足球队任左锋，后改任中锋。因球艺精湛，为该队功臣，选进“国脚”，先后参加第六、七届远东运动会，均夺冠而归。1925—1930年间，效力上海乐群(后改名乐华)足球队，兼复旦大学足球教练。1934年率队参加第十届远东运动会，又夺得锦标。次年代表香港足球队参加第六届全国运动会又获冠军。当与江苏等队比赛时，惠堂共射入十六个球，创个人最高纪录，被誉为“球王”，选送参加奥运会。1936年被推为亚洲足球协会会长。1941年春，惠堂由港回内地，为抗战募捐，先后在曲江、桂林、柳州、重庆、昆明举行足球义赛，深得好评。著有《球圃菜根集》、《足球基本技巧》、《鲁卫吟草》等书。

洪秀全的后裔问题

何梅花

太平天国的天京于1864年6月19日陷落前夕,洪秀全把一批眷属用船载往上海,再经吴淞口逃往日本,在那里繁衍后代。

据说,抗日战争期间,在日本侵略军铁蹄尚未蹂躏花县之前,曾有一位自称是日本领事馆随员名叫矢野兴的,特地来访花县官禄埔村。此人自称是洪秀全的后裔,其祖先是由于当年天国失败时逃往日本的。

接着不久,广州沦陷。1943年间,驻沙面的日本侵略军华南总指挥部特务机关长洪矢崎义郎,亲率一支马队自京广铁路同乐车站来到官禄埔村。在日兵搀扶下,三跪九叩,边拜边泣地叩进洪氏宗祠,并召集洪氏族人讲话,自我介绍,说他是洪天王的后裔。他小时候其祖母常嘱咐他说:“他们的祖先原是广东花县官禄埔村人,如果你们将来有机会到中国,就一定要去拜祭自己的祖先。”洪矢崎义郎接着询问族中父老,祖先有什么遗物可供瞻仰和纪念的。当时族人洪镜元(现已年逾古稀,旅居香港,其女儿洪瑞贞现为洪秀全纪念馆讲解员)、洪继祥等人回答说:“当年祖先遗物,尚存有高祖洪英纶夫妇画像、洪氏族谱和石狮子一对(此石狮子现陈列于洪秀全纪念馆内)。”这个不速之客,欣喜若狂地表示要把此画像和族谱借去，在日本的洪氏后裔中传阅,并许诺不久定将原物送还。约一个月后,果见交还,但已非原物,而是复制品了。

后来,驻花县鸦髻山(在官禄埔附近)的日军,企图拆毁洪氏宗祠,取其砖木作为修建炮台之用。洪镜元等人即火速往广州沙面找洪矢崎义郎求助。这个洪氏后裔,即命令该地驻军立即停止行动,已拆的必须好好修复。几天后,洪矢崎义郎又亲临官禄埔村，还特地在祠堂前树立一块牌匾,用日文书写,村民只认得“洪矢崎义郎”署名。此后,日军再也不敢到官禄埔村了,当其他村遭日军出动骚扰时，不少村民还跑来官禄埔村避难。

1973 年,有四位日本友人(历史学家和画家各二人)远道来访洪秀全故居。当时洪秀全纪念馆馆长张运贤同志(80 年代初在花县科委任职)向他们说及上述情况。日本友人欣然答应,一定设法将原物归还。据称,这两件原物,已于 1980 年被送回北京,现存于南京博物馆中。

珠江夜月与珠江阁

梁俨然

“珠江夜月”，为羊城八景之一，以海珠石为主要景点。海珠石在五羊驿前，石广十余丈，为一石屿小岛。上有慈度寺，为南汉大宝年间建。前有文溪祠，题匾有“虽二”二字。

其实海珠无寺，一楼宇而已。楼名珠江阁，登阁可遥望广州各地：东望虎门，南望顺德，西北望西樵。月明之夜，江天一色，恍如白昼。下为李公祠，为宋李宗简(昴英)读书处。有小屋住僧，屋内绘有佛像，石镌“慈度”二字，因而被称为慈度寺。

民初辟为公园，称海珠公园。移双门底铜壶

滴漏于此。1918年，西南护法政府被军阀控制，孙中山只有海军支持，而海军总长程璧光竟被刺。程死后，人们建其铜像于此。后陈济棠主粤时，将海珠公园填为平地，与堤岸相依，另建楼宇。因此，海珠公园遂废。珠江夜月一景，遂不知何所指矣。

籍没后之海山仙馆

莫仲予

潘仕成字德畲，番禺人，为广州盐商。以捐资获钦赐举人，官至两广盐运使。筑海山仙馆于西关，有水木清华之胜。后以积欠国课，不能完缴，家被籍没，园亦入官，此同治末年事也。

园价昂贵，一时无能受者，乃用开彩法公开发售。券共三万张，每张银钱三枚，不数日即售罄。逮开彩时，为香山一蒙师所得。此人本寒士，骤得巨产，遂恣意嫖赌，挥霍无度。以全园无人能购，则零碎拆售。先售陈设玩器，次售假山奇石，次及门窗椅桌；未一二年，则园舍已犁为平地，所余惟颓垣败瓦，而得彩之人，亦已潦倒死矣。潘氏之《佩文韵府》板片，则抵与山西某票号，海山仙馆遂尔荡然。或谓“海山仙馆”四字，离合观之，适是“每人出三官食”六字。“出三”者，出银钱三枚也；“官食”者，款归官也，颇为巧合云。

潘氏之败，粤人多有感慨者。南海李仕良辅廷《猬夏堂诗集》有《过海山仙馆遗址》诗云：

我步西城西，野花纷簇路。遗址认山庄，旧是探幽处。主人方豪雄，百万讵回顾。买得天一隅，结构亭台护。流露绛雪堂，金碧纷无数。佳气郁葱哉，森然簇嘉树。插架汉唐书，嵌壁宋元字。沉沉油幕垂，曲曲朱栏互。时有坠钗横，罗绮姜姬妒。此乐信神仙，高拥烟云住。祸福忽相乘，转瞬不如故。高明鬼瞰来，翻覆人情负。此地亦偿官，冷落凭谁诉。树影尚离披，泉声仍漭溯。孰是孔翠亭，孰是瘗鹤墓。可怜坏道中，故物文塔具。吁嗟复吁嗟，消息畴能悟。席草吊荒凉，徘徊秋水渡。客曰盍归来，夕阳天欲暮。孤影陡惊人，稻田起飞鹭。

观此，则主人当日之奢汰淫逸，概可想见矣。

粤秀楼与文澜阁

罗冠群

广州越秀山(旧称观音山)最高峰处，有孙中山先生纪念碑，气势磅礴，巍然矗立。纪念碑下，有“孙先生读书治事处”石碑，刻有“抗逆卫士题名碑记”。附近就是孙中山和宋庆龄居住过的粤秀楼遗址。楼后数十步，就是文澜阁遗址。

军阀龙济光据粤时，把清末的督练公所改建为振武上将军署。署左建栈桥一座，长约十余丈，跨吉祥路，与督军署接连。署后又建栈桥一座，长十数丈，接连粤秀楼。楼为三开间两层西洋式三合土建筑，龙济光辟为住宅。楼后文澜阁，结构幽雅，原是越秀书院藏书之处，后为龙济光游宴之所，警备森严，禁人登眺。

1921年孙中山先生任非常大总统，开府广州。总统府设于观音山麓(即现在之中山纪念堂，建于1929年)。孙先生以粤秀楼为住宅，循天桥来往总统府；雇工拆毁碉堡，开放观音山，供市民游览。又将文澜阁易名三老楼，特请早年参加革命的陈少白、杨鹤龄、尤列三人在楼中居住。

孙先生每于午后公毕回宅，常步过文澜阁，或三老来粤秀楼见孙先生，促膝谈心，共商国是。随后，孙先生率师北伐，陈炯明多方阻挠，竟于1922年6月16日武装叛乱，炮击总统府和粤秀楼，粤秀楼与文澜阁遂毁于炮火。

人境庐

黄任潮

人境庐之所以引起世人注目，就是因为它是维新志士、著名外交家和伟大的爱国诗人黄遵宪故居的缘故。

人境庐在梅县下市攀桂里老黄屋的西侧，左濒周溪，环境清幽，确无车马的喧扰。据说过去门前种有几株梧桐树，现时已经没有了。门楣木匾上刻有“人境庐”三个大字，笔力沉雄，苍劲古朴，是日本大书法家成濑温写的，颇有唐人风味。

人境庐占地不大，总面积不到三百平方米，是一座别墅式的建筑。入门左转就是长方形的天井，西面是半边厅，挂有黄遵宪的肖像：头戴瓜皮帽，身穿长袍，双目炯炯有神。天井里种着不少花木，一派书斋气象。总的结构，有点像船形。步上二楼，见有从天井上面栏杆支架起的长方形望楼，伸到三楼上面。四面镶着玻璃，号无壁楼，为的是便于纵览四方景物。南武山人丘逢甲，题了一副对子：“陆沉欲借舟权住，天问翻无壁受呵。”反映出他们当年蒿目时艰的心态。另外，黄遵宪自己也亲自撰自书一联，悬在庭院，联云：“有三分水，四分竹，添七分明月；经五步楼，十步阁，望百步长江。”可说真正描画了人境庐的景色，的是风雅之至。

这里，原有藏书几万册，1911年后，绝大部分由其后人赠送给梅县图书馆。剩下来的是日文书籍和少量的《时务报》、《清议报》及一些文稿。这间屋子，不仅是黄遵宪晚年休养和接待亲友之所，同时也是他亲自为弟侄辈讲学的课堂。现在，人境庐是省级文物保护单位。

粤东古“围龙屋”风貌

刘文澜

“围龙屋”，是粤东一带传统的旧民居。一般建在乡村的田陇中或宽广的稍斜丘坡上。屋围成半圆形，远看瓴背瓦顶交错，迭迭层层，如数条黑龙盘缠着，故名。围龙屋正中是一座二进较高出的宗祠，左右各有横屋一至二幢，屋后面环绕三排半圆形房屋。房屋之间有廊道相通。围龙屋正面门楼两侧有阁楼围封起来，既方便进出，又严密安全。

围龙屋的外墙用粘土，护以夹墙板打夯，舂成环形墙。整座围龙屋有多至二三百间房，可住五六十户、三百多人口。围龙屋之间有条条块块的天井，透光通气，雨天排水，晴天晒物，又是失火时的隔火巷。

围龙屋多数坐西向东，夏天南风穿巷来，冬天北背风向阳，故冬暖夏凉。

祠堂是围龙屋的心脏。春节、元宵，大家摆供品祭祖。男婚时在祠堂拜祖、拜堂、宴客；女嫁时先向祖先辞行，然后出阁；有人逝世时，祠堂成了举哀发丧的灵堂。围龙屋把同族数百口人凝聚在一起，显得祥和、融洽、欢乐、互助。

大观桥的灯火

邓端本

清末，广州的西关是一个水网地带，河渠纵横交错。其中从东往西，贯穿整个西关地域的，有两条较大的河流：一条叫西关涌，一条叫大观河。大观河上有桥，桥长约七丈多，名大观桥(在今下九路附近)。

当时，大观桥是西关主要交通要道，亦是欣赏夜景的一处好地方。桥上建有达观楼，供人上去游览和观赏。西关，一向商业发达，店铺林立，甲第相连，是一个繁华之地。因此，一到晚上，家家灯火辉煌，连河水也泛彩流霞，有如金蛇乱舞。站在桥上隔岸观灯，就好像置身于闪闪烁烁的银河之中，十分有趣。晚清诗人蔡士尧《八桥竹枝词》云：

桥心月色灿流霞，桥外东西四大家。
宴罢画堂归去晚，红灯双导绛舆纱。

九曜坊戏棚火灾

莫仲予

道光二十五年(1845)四月二十日，广州城内九曜坊演剧，于学政署前设台，席棚鳞次。时有歹徒于附近聚赌，南海县将派勇缉捕，事泄，歹徒扃东辕门以拒。会子棚中因吸水烟失火，随风蔓延，遂成燎原之势。观众仓卒走避，以东辕门已闭，集趋西辕门而走，因践踏而死者二三百人，不及逃出而烧死者千余人，有逃出而毙于途者逾百，其闯入学政仪门，缘考房越墙存活者，仅千余人耳。设当时东辕门不闭，则南出书坊街，东出九曜坊，遇难者当无如此之甚。

乙卯广州水灾

莫仲予

民国四年六月初一至初四日（1915 年 7 月 13 日至 16 日），珠江上游堤围崩决，造成广州空前特大水灾，史称“乙卯年大水灾”。

造成水灾之原因，是由于 7 月上旬，粤北山区及沿西江一带之四会、广宁、怀集乃至梧州以上地区，连降暴雨，东、西、北三江江水同时暴涨，珠江上游作为广州屏障之石角、存院等围堤，先后崩决；珠江水位上涨丈余，广州长堤西濠口、西关、河南等处，首当其冲，全部为洪水淹没，较低地区水深至门楣，甚至没顶。当时广州城墙未拆，老城、新城地势较高，素来不受水患，故城内居民，无大影响。

此次水灾，以芳村、花地、西关受灾最深。一般贫民房屋，倒塌不少。无楼者被迫上树暂避，小儿则悬树上待救。泮塘地势尤低，破旧房屋倒塌者达五六成，死人过百。

尤惨酷者：14 日（一说 13 日）下午 2 时，当水位最高之际，十三行有商民，避水楼居，因午炊失慎，造成火灾。有谓火由白米街口十三行尾之连发油店，店主燃点灯烛，失火烧及火油而起。又有谓先由一艘载满易燃物品之木船失火，

延及同兴街店户。同兴街全街多为出售火油、汽油、火柴、洋烛商店,火种一到,油箱爆炸,火随油流,所至火起。于是熊熊烈火,四下蔓延,不可遏止。其时大风忽起,火乘风势,交相肆虐。更且燃烧至江面船艇葵篷,而船艇又连结成一串,因而大火延及河南大基头临河铺尾。祝融之祸,河南遂亦不免矣。

大火从 14 日下午 2 时起, 至 15 日下午 7 时,本已基本熄灭;不料隔三小时后,死灰复燃,由晚上 10 时再烧至翌晨 1 时方止。受灾街道计二十五条,焚毁商店、住宅二千家以上。从灰烬中挖出尸体约一千具,河南地区火灾损失,尚不在此数。

当洪水之来,势如破竹,有无二楼可登而临急避入十三行九如茶楼者六十余人。由于该楼年久失修,突然倒塌,以致全部死亡,无一幸免。同时,在泮塘、荷溪及其他受灾街道,拾到遗尸亦达二百十余具。

据不完全统计:水火二灾死伤约三千人以上,焚毁、倒塌店房约二千余间,财产损失约达白银二百余万两,为广州旷古未有之浩劫。

当时广州商业区原有消防组织(防洪组织则无),由于水位高达数尺,消防人员无所施其技。而政府机关及文武官员,集中于老城,当洪水成灾, 督军龙济光虽曾派员会同警局员警前往巡视,亦只望洋兴叹,隔岸观火,并未积极设法抢救。以致一些坏人,驾艇驶入灾区,趁火打劫。其中以容光街、联兴街、同兴街一带商户，损失较大。天灾之外，更加上人祸的损失，故群众对政府深感不满。幸而珠江河面，原有紫洞艇、趸艇、横水渡、孖艇、舢板等甚多，此时纷纷先后驶入灾区，解决一部分灾民的住宿、运输、交通及粮食、副食的接济问题，其功至伟。

沙面为外国人所居，当洪水来时，他们即以沙包筑成防水墙，故未受灾害。

水退后之善后工作，以广州商会会长陈勉畬表现最力。他在上九甫布行会馆内成立水灾善后会，会同九大善堂中之爱育、崇正、四庙、惠行等及城西方便医院，分头展开赈济工作。爱育善堂以兴学为主，崇正善堂负责赠衣施药，惠行善院医治跌打外伤，四庙善堂担任收容灾民及赠衣施粥，方便医院除赠施医药外，还派人收葬路尸。此外，一面向市内殷富、善士募捐，一面呼吁港、澳及海外华侨各界人士捐款，同时征集救济物资，办理散赈。

水灾善后会纯属商户自发组织，政府并无拨款赈济，可见当时军阀盘踞下之民政工作是如何的有名无实！

洪门和汉门

王福耀

自昔皆说洪门宗旨为“反清复明”，其以洪门命名，是因朱元璋始建大明，开元洪武，便取洪字为名。所传如是，习惯不疑者久矣。然近人萧一山先生研究，则别有新说。萧先生谓洪门即汉门，洪字应当作汉字看。因洪门创建于清康熙十三年(1674)，斯时中国本土已完全为清政府所统治，对明遗民而言，则中国之土尽失。失“中土”(从繁体“漢”字而言)便为洪字，故以洪字命名，暗寓丧失国土之意。而且不提汉字，可以掩人耳目，便于号召、动员汉人以进行反清活动云(见萧一山《民族文化概论》)。

洪门诗文，有自造“氵月”字者，亦类似洪字之意。有题为《一片丹心》诗云：“一堂忠勇尽洪英，片野风云尽灭氵月；丹若阳明怀旧主，心存大义共扶明。”查“氵月”字，字书所无，而从诗意及诗韵来看，当是“清”字。其不直写“清”字者，隐寓洪门不承认清人入主中国，故将清字中“青”之上部似“主”的笔画删去。清字去“主”则成“氵月”矣。这与“汉”字去“中土”而成洪字，两相互证，寓意昭然，亦足说明洪门立会，其矢志之坚也。

洪门自创立以来，历二百余年，有清一代，

起义之频繁，死事之惨烈，坚持之长久，古今罕见，此仆彼起，总在愈益发展之中。然而山堂分立，不相统属，宗旨虽明，而步调不一。迄乎辛亥革命，在孙中山先生影响之下，洪门潜力乃得显现，并放其异彩。如黄克强领导组织之华兴会、同仇会、洪江会等，即以洪门人士为主干。中山先生领导之十次起义中，由兴中会发动而影响最大之1895年广州起义，即为洪门首领郑士良(弼臣)主持。广东1907年之防城起义，为旅越洪门首领王和顺所主持。还有惠州起义，亦以洪门为主。庚戌黄花岗七十二烈士中亦不乏洪门人士。即辛亥革命运动，洪门人士亦与有力焉。海外洪门，贡献更大。孙中山先生称华侨为革命之母，华侨中洪门人士之功更不可泯。

张宏范木主明正典刑

易 仁

光绪十九年(1893)，康有为设万木草堂于广府学宫(今工人文化宫)仰高祠内。当时学长有徐勤、梁启超、陈礼吉、林奎等辈，故康门子弟多戒谨肃穆、进修不懈、崇尚名节、检摄威仪之士。

仰高堂原奉祀广东名宦如吴隐之、宋璟等，神龛中陈列木主数十。一日，学子聚谈，梁启超注视神龛，忽大呼曰："张宏范亦在此耶！"众人果见

张宏范木主，赫然在列。启超弟启勋年仅十八，血气方刚，立跃上神龛，掷宏范木主于地，取刀欲斫。陈荣衮在旁止之曰："彼未知其罪，俟吾明宣之，然后行刑未迟。"于是伸纸振笔大书："尔张宏范，以汉族之子孙，作胡奴之牙爪。欺赵氏之孤寡，促宋室之灭亡。犹复勒石崖门，妄夸己绩。陈白沙曾以一字之贬，严斧钺之诛。乃复窃位仰高，滥膺祀典，若非加以显戮，何以明正典刑。尔肉体幸免天诛，尔木主难逃重辟，尔奸魂其飞于九万里外，毋污中土。"书毕，掷笔宣读一过，于是手起刀落，木主立碎，残片则付诸庖人，投之烈焰。事虽涉儿戏，亦可见草堂学风一斑。

相传宋帝昺赴水后，张宏范镌字于石云："张宏范灭宋于此"。后陈献章加镌"宋"字于其上，所谓"一字之贬，严于斧钺"也。明赵瑶亦有"镌功奇石张宏范，不是胡儿是汉儿"之句，惟《崖志》不载此事。

刺唐绍仪的刺客

余藻华

1938年时的夏天，一日，《越华报》登出一特大新闻——唐绍仪在沪被刺死于唐公馆。刺客是谢志磐(花名大王)。

谢志磐原住今之荔湾区兴龙街德宁南约七

号。我童年曾就读于附近的一间私塾，早午晚上学、放学回家，经常见到谢志磐在街上与一群儿童玩耍，指挥儿童作操兵游戏。谢志磐躯体魁梧，相貌英俊，儿童们呼他为“大王”。甚至附近的成年人也叫他花名，他父母都是天主教徒，街坊、菜市的人都把他母亲叫作“耶稣婆”，他的父亲据说是沙面某洋行的职员，有人说是教堂的牧师，生活较为丰裕。

谢志磐既长，就读于一间教会学校。他性好动，成年以后，好骑马，经常穿起猎装，脚穿长皮靴，昂昂然，进出街市，格外引人注目。

“七·七”事变起，他们举家迁出，从此再也见不到谢志磐的影迹。据说是迁去上海，以华侨子弟身份，出没于上海租界里的交际场所，并夤缘结识到唐绍仪的儿子，经常进出于唐公馆而成为唐之座上客，而公馆里的上下人等也把谢志磐作为上宾，自由出入不用通传。

据《越华报》报导，他行刺唐绍仪的经过是：借着唐绍仪寿辰的机会，把一柄最锋利的童军斧预藏在一个古老大花瓶里。乘车到唐公馆，以送贺礼为名，直入唐的内室。乘着唐鉴赏花瓶之际，突然拿出童军斧，向唐的脑袋，猛劈一斧，把唐当堂劈死。谢志磐得手后，施施然离开唐的内室，乘回原车，扬长而去。以后各报章也没有重提此事。

唐绍仪，中山县人，在前清曾历任公使、侍郎、巡抚、尚书及南北议和的北方代表。入民国后，又曾历任内阁总理、军政府财政总长、政务总裁、南北议和的南方代表，是一时的风云人物。1931年后，唐任西南政务委员会常务委员，兼广东省政府委员，又兼中山县长。1936年夏，西南局面因胡汉民之死而发生分化，7月间，二中全会开幕，唐与孙科谋撤消西南组织，投靠蒋介石。"八·一三"后，南京告陷，蒋促唐与日方进行秘密和谈，唐乃命其婿诸昌年与日磋商。日方以蒋不可靠，反与诸密订使蒋下野而由唐出任国府主席，而唐实不知此事。事为蒋之特务所闻，飞速报蒋。绍仪之死，实蒋令特务设计殂之。

虎门第一次放电影的风波

易仁

鸦片战争之役，虎门附近群众，受害最深。他们在帝国主义侵略者的蹂躏下，家散人亡。数十年来，仇恨深深藏在每个人的心里。1910年7月3日晚上，虎门太平福音堂英国传教士赞永乐，放映一部卡通片，虽然是默片，但在偏僻的农村，第一次看到电影，必然会感到极大兴趣。然而，人们想起了七十年前，他们的祖先为了抵御外侮而遭受一场弥天大劫，激起无比愤怒，一致齐声喊打。在群情汹涌之下，制止他继续放映，群众还要把放映机砸烂。最后还是由当地警察赶来劝服群众，赞永乐才得悄然离去。

广州女工运动的开端

邓端本

广州很早便有电话局的成立。当时的电话都要由总机接线才能通话，接线员多为女性，称之为女司机。

1924 年，广州工人代表会成立，电话局职工亦酝酿成立工会，总局和东、西、南区三个分局签名响应者有一百余人。但遭到总局局长陆志云无理的拒绝，借口电话局情况特殊，不准成立工会，并把发起者女司机谭竹山、马少芳开除。

陆志云这种无理的压制，激起全市工人的义愤，纷纷要求广州工人代表会主持正义。工人代表会乃通过博爱通讯社，揭露陆志云压制工人的行为。广州、香港两地的报纸，亦纷纷响应，加以报道。当时的广州，是孙中山领导下的政权，国民党中央工人部、妇女部都派员进行调查，指责陆志云违反孙中山先生的三大政策。在强大的社会舆论压力下，陆志云不得不收回成命，接受女工们提出的条件，恢复被开除者的职务，并向女司机们赔礼道歉。

由于斗争的胜利，全国第一个电话女司机工会，于 1924 年秋在广州成立。女司机们还举

行盛大的集会欢迎谭竹山和马少芳复职。这可以说是全国女工运动的开端。

中国最早的女店员

司　芳

今天的售货员,大多数是女性,这已司空见惯。可是,20世纪20年代初,我国还未有女店员出现。

1926年,饶平张竞生博士,在上海四马路以二千元的资本与友人合资开一书店,命名为"美的书店"。张竞生任书店总编辑,谢蕴如任总经理。书店开张后,顾客盈门。该店的特点,除张竞生博士大名鼎鼎外,所有店员都是青年女性。那时的上海,还没有女店员。美的书店雇用女店员的消息传出后,上海滩为之轰动,人们纷纷前去,以满足其好奇心,书店因之生意兴隆。

可是好景不长,美的书店因受同行的排挤和陷害,终于在1927年被迫关闭了。但女店员的雇用,从此在全国各地陆续出现。

颐养园剖尸案

李以庄

在省、港、澳及东南亚，五十岁以上的人，几乎人人知道我的外祖父梁培基是专治疟疾的“发冷丸”的创制人，但却很少人知道他曾不惜冒“犯法”之险，倡导科学救国。

1934年，有一病人在广州二沙头颐养园留医时死了，死因不明。家属怕付医药费，不来认尸。德籍医生巴兰德便提出解剖尸体，以查明死因。梁培基是颐养园的创办人及院长，从医学研究角度同意了。但事后，病者一远亲为图敲诈，控告颐养园对病人“戮尸”。

当时，中国刚刚取消了对德国的治外法权，因而可以审理被告为德国人的案件，这是破天荒的大事。法庭为此修葺一新。开庭时，很是庄严隆重：法官穿上新制的袍式法官服，法警也穿上新制服。被告梁培基及巴兰德则请了当时驰名省港澳的大律师陈大年及钱树芬为辩护律师。

梁培基认为这次开庭公审此案，是宣传科学、破除迷信的大好机会，故每次出庭之前，他都作好坐牢的准备。他对大女儿梁靄怡说：“这次审我，最好把我捉去坐牢，但他们最终要放我。我出狱时，你一定要组织以光华医学院牵头

的各医学团体上街游行;举一横幅,上用大字写明:‘欢迎为科学坐牢的梁培基出狱’。这是倡导科学的行动,定要大造舆论。”但他每次出庭,都没有被判坐牢。他每次走出法庭时,总要叹气:“唉,这次又坐不成牢!”

有趣的是,法庭上的法官早已认识他,辩护律师更是他家的座上常客。但开庭时,他们都要照例问他的姓名、籍贯、年龄及是否颐养园院长等问题。梁培基对上述问题,均一一作简明答复。但当法官问到:“你是否同意巴兰德剖尸?”他却摆开长篇演说架势,大讲剖尸是为了科学的道理以及破除封建迷信之必要。他平日爱发宏论,常常妙语如珠,此时说得更起劲,滔滔不绝。法官听得入了神,辩护律师更是惯于在他家听他高谈阔论,此时都忘了是在法庭上。直至原告律师提出抗议,法官才打断他的话头说:“梁培基,你不必讲那么多,简单回答问题。”梁说:“我要把道理讲清楚。”又继续他的宏论,最后才承认自己同意德医剖尸。

经几次开庭,审理的结果是:“按照当时法律,医院对无人认领而又死因不明的病者尸体进行解剖,并无违法。”

广州清末民初的照相馆

龚伯洪

广州最早办的照相馆之一，是张老秋经营的宜昌照相馆。张在香港向洋人学得照相技术，1861年回广州开办照相馆。以后，广州照相馆才逐渐多起来。

清末民初时的照相馆，以摄影棚顶的明瓦(玻璃瓦)来采集自然光，曝光需两三分钟，因此拍照时要用铁叉叉住顾客的后颈，以防头部晃动导致照片模糊。如此一来，弄得一些想拍照的顾客望而却步。后来，一些迷信的人，胡说照相会把人的灵魂摄进机中。于是照相馆经营者们便绞尽脑汁，作出反宣传，说拍摄照片摄去的是“衰运”！这才吸引了一些失意者或贫苦大众，渐渐竟有重阳节拍“转运相”之风。1920年的重阳节，前后仅十八甫的黎镛照相馆，就拍了一千张照片。那时不少妇女还抱着孩子来照，期望照相机把孩子身上“病魔”摄走，让孩子岁岁平安。

不过，由于照相机能摄“衰运”之说盛行，弄得真正要拍照片的人要拍两次。第一次摄走“衰运”的照片不要，第二次的照片才取走。于是，摄影师也有“对策”，第一次拍时不放底片，第二次才正式照相。此风一直到40年代初才完全消除。

羊城花事话当年

易 仁

明季以前，广州归德门外，南临濠水之西角楼，朱栏画榭，连续不断，皆优伶歌女所居，大有十里平康之概。当承平之时，番夷辐辏，日费数千万金。饮食之盛，歌舞之多，过于秦淮数倍。

明清之际，广州花事以珠江为最。紫洞艇、花艇，列如雁齿，栉比蝉联如市衢。每当华灯初上，晚妆才罢，珠娘联群结队，花枝招展，以媚游人，俗谓之“老举”；雏妓则谓之“琵琶仔”，以其小如琵琶，并取白乐天“犹抱琵琶半遮面”之义。妓分上中下三等：以谷埠者为上，引珠街者次之，白鹅潭者又次之，均集居水上。

光绪甲辰(1904)，谷埠大火以后，妓寨渐移至陆地，多聚于西关塘鱼栏、陈塘南、新填地及河南尾等处。有大寨及二四寨之分。大寨妓以侑酒为主，留宿则缠头所费不赀，不易为其入幕之宾。

1929 年以后，广东商业曾一度繁荣，生活、治安比较稳定。陆居妓院，上层者集中于陈塘地区，花筵酒家林立，嫖客多属官僚、政客、豪绅、巨贾。纸醉金迷，灯红酒绿，为广州妓院全盛时代。下层妓寨，除东堤一带外，则有长塘街之鸣凤巷，带河基之显耀里，西濠口一带之妓艇，河南大基头之妓寨等。此外，东较场之竹棚“讲古寮”，则为近郊贫苦人家不得已出卖色相者所居，是在官衙、吏役、与黑社会势力盘剥压迫下，度此卖笑生涯。

1930年，两广事变失败，还政中央。当局虽颁禁娼明令，惟令行不远，广州而外，依然阳奉阴违，不绝如缕。及抗战胜利以后，广州娼妓始告绝迹。

南词班

萧元

晚清民初间，广东各地南词班妓女，均为外省籍；有堂班、窑班之别，各于门首榜堂名，俨如大家巨室。妓有中姿以上而能歌者，可入堂班；下姿不能歌者，则为窑班。

窑妓无他技，客至即留宿。有向为堂妓，至年老色衰时，降格入窑班者，往往有之。

堂妓以侑酒及度曲为主，留宿则视客妓间感情而定，即鸨母亦不能强。侑酒谓之“出条子”，以陪酒或聊天为事。开席前妓至，坐所召者旁，寒暄顷刻即起去，曰“转条子”，谓他处有条子相召也。开席时妓复至，代客敬酒，惟菜肴则例不入口，盖堂规如此。妓去后，至散席前复来。

席撤，即索酬而去。

度曲，谓之“开牌子”，有内、外牌子之别。内牌子粤人谓之“打水围”。客来则导入房中，献清茶瓜子，随尽出诸妓亮相。一雏妓持歌扇前请点曲，歌两三出为度，曲终，即付资而去。外牌子则由一乐师领能歌者三数辈赴召所度曲，曲终索资即返。故堂班每家必延一乐师以授雏妓曲，开牌子则乐师操京胡以和。其所唱曲大致分京曲、小调两类。京曲有各行当之流行曲目如：《玉堂春》、《珠帘寨》、《三娘教子》、《捉放曹》、《击鼓骂曹》、《霸王别姬》等；小调多为《小放牛》、《四季相思》、《贵妃醉酒》、《十八摩》之类。然客无周郎之癖而顾曲于此者，亦醉翁之意耳。是故此等歌者，稍中规矩已属上乘，非以唱工为主也。

每届春节，为妓院敛财之时。除夕前，妓央其熟客请客于院内，谓之“封岁酒”。除付席金外，另付妓压岁钱若干，均为妓院收入，妓不得也。开春后，又央熟客邀朋辈赴院开宴，谓之“打财神”。客至则环坐席间，举酒贺岁。席上纷陈腊味冷盘多式，例不下箸，每人仅饷以莲子鸡蛋糖水而已。客则付席金及分派红包与赏钱。于是，妓院所入丰，而客囊倾矣。

凡堂班出局(包括条子、牌子、大局)及窑班大局(留宿)，必须纳税，由县征收花捐，为县税主要收入之一。李伯豪主粤政后，曾行文厉禁，而各县以税收谋所以代偿，延宕多时，至 1941 年始逐渐禁绝。

沙面的过去

冼玉清

沙面位于广州西南，珠江江滨，白鹅潭畔，古称中流沙。《南海县续志》说："中流沙殆即拾翠洲，俗称沙面。"但据康熙四十八年(1709)禹之鼎绘的《广州府城图》，拾翠洲却在沙面的西南。现在，沙面的西南还有一个洲，那就是芳村，芳村是否也叫沙面，暂时存而不论好了。

鸦片战争前，沙面是个官僚地主和豪商巨贾纵情花酒之地。围绕沙面的河道，尽是花艇。乾隆五十年(1785)，文学家沈复游广州，他在《浪游记快》中曾描写过沙面的花艇。据说：花艇对头分排，中间留一条水巷，便利小艇往来。花艇是分"帮"排列的。一"帮"大约有一二十只，用横木连接起来，成"帮"泛潮起落。那时，花艇不只是多，而且装饰也是豪华的，连酒馆也没有艇上那样华丽。艇分两种：一称"紫洞"，一称"横楼"。艇上"珍错毕备，一宴千金，笙歌彻夜"。难怪嘉庆间诗人李黼平在《咏沙面》中曾写下"月榭风亭俯碧流，通宵灯火拟扬州"的句子了。

但是，地主官僚手里的糜烂的沙面，"好景"不长，鸦片战争的炮声响过以后，它就易手于外国侵略者，变成殖民者的租界了。那是1858年，

即咸丰八年，根据丧权辱国的《天津条约》，沙面被拱手出租给英法两国。出租还不算，他们还在粤海关敲取税银八十八万三千万两作为基本建设费。今天还可看到的高大的楼房，许多都是他们在侵占了中国的土地之后，用中国人的钱、中国人的血和汗建成的。

沙面，作为中国领土上的一个特殊地区，难免也卷入了革命风暴旋涡。1924 年 7 月 15 日至 8 月 19 日，沙面爆发过一次有近三千中国工人参加的反帝罢工，使整个沙面陷于瘫痪。这次罢工的起因，与越南革命志士范鸿泰刺杀旅居于沙面的法国统治越南的殖民总督梅林一事有关(范投弹地点在今胜利大厦处)。范鸿泰壮烈牺牲后，英法帝国主义者迁怒于中国人民，制订一纸所谓《条例》，限制中国人民自由来往于沙面，沙面的中国工人即为此而宣告罢工。1925 年上海发生“五卅”惨案后，沙面中国工人和其他地方一样，组成罢工委员会，再一次给予沙面的统治者以有力打击。以上两次罢工，是沙面中国工人抵抗帝国主义势力的重大史迹。此外，平日里小规模的对抗，就无从查考了。

迷信职业集团"江相派"

于　城

旧社会，在广州语系地区内，曾经长期存在着一个借封建迷信来骗取财物的江湖黑帮——"江相派"。

这个集团分子复杂，既有相士、神棍、庙祝、道士、和尚、尼姑，也有江湖卖药者、老千(骗子)、流氓、小偷、斋婆、姑婆(斋堂主)。其头子大师爸，必是自诩得到"师门真传"的大相士、大神棍之流。

"江相派" 在旧中国存在达二百多年之久，代代相传的大师爸，凭借着师门传授的"法"和"术"，加上运用自己的机智和诈术，以及帮派的力量，贪婪地骗取钱财。

"江相派"之所以能长期存在、发展，是因为他们是有组织有纪律的江湖帮派；有"法"有"术"，也就是有一套行之有效的骗术；又有一套"流氓哲学"，举凡神、鬼、宿命论、封建社会的伦理道德，都是利用的工具，而他们自己并不相信。更有一点，是他们之间有紧密的依存关系：平时互相赒济，生活有保障；大师爸靠徒弟、助手协同行骗，徒弟、助手靠大师爸供养。有所谓"江湖财，江湖散，不散有灾难"的说法。同伙中有人失手被官府判刑，其妻儿也不致捱饿。

“江相派”还有三大戒律：一、不得泄漏帮内秘密，不得出卖同伙；二、只许骗财，不得骗色；三、不许“做人”(致死)“一哥”(雇客)，违者严厉处置。

他们所谓“法”，是指一部大相士、大神棍们必读的秘本——《英耀篇》，内容不外几种骗人的方法。所谓“术”，是举出几种如何使人入其彀中的伎俩。至于神棍的重要法宝，又有所谓《扎飞篇》，内容除祈神禳鬼的方法及仪式外，还记载前辈舞神弄鬼的做法和经验。上述的“法”、“术”和《扎飞篇》，统称作“师门三宝”。

还有一种叫“做阿宝”的，是一种借“种金银”来骗取财物的骗术。其秘本《阿宝篇》，只用口传，不准笔录，一般徒弟，不轻传授。

“江相派”自清代中叶以至民初，活动面最广，流毒也最大。近代科学发达，群众认识提高，他们的市场遂逐渐失去。

春节粤俗

商衍鎏

旧日除夕，花市在双门底(今北京路)、桨栏街。花类繁盛，独吊钟花为岭南种，产自罗浮、顶湖，色如腊梅，垂吊似钟，一枝千数百朵，腊尾、春初盛开，多以点缀年景，现改春节，俗仍未废。

除夕全家团年，打边炉、肉鱼外，必有生菜、茨菇、蚬肉。蚬音同显，取显达意，生菜取生旺意；茨菇一名慈姑，意取添丁与家姑慈爱。守岁至子、丑时，迎神祭祖，爆竹之声，不绝于耳。

粤俗除夕，有"卖懒卖懒，卖到年三十晚"之谚。团年饭后，用纸裹饭团，领家中儿童出门，至路旁隙地弃之,谓之“卖懒”,颇有教育儿童之意。

亲友来拜年者,必享以煎堆、角、糕,小儿则给以橙、桔一二枚,利市一封。

粤俗元宵节前,择日欢宴亲朋,谓之“开灯”。灯用彩纸画绢扎成,缀以染色各种纸制花果,置烛灯内,悬室正中神前。后逢朔、望、喜庆,亦燃之;明年开灯,再易新者。乡俗,生子则送灯本族祠堂。

羊城花市

莫仲予

羊城世界本花花,更买鲜花度岁华。

除夕案头齐供养,香风吹暖到人家。

此光绪年间冯向华《羊城竹枝词》也。广州除夕花市,作为一种民间习俗,由来已久。如宣统年间,梁鼎芬所修的《番禺县续志》便有“花市在藩署前,岁除尤盛”的记载。惜记焉不详,难窥全豹。

究竟除夕花市,始于何时呢?冼玉清教授有这样的意见:“除夕花市,在同治、光绪间才逐渐发展起来。因为在这以前,两重城门入夜即闭,既无大光灯(火油大汽灯),又无电灯,黑夜沉沉,花市是没有可能繁盛的。”这样说,似乎较切合事实。

晚清以后,花市以藩署前(俗称双门底,今北京路)为最盛。其次是西关鬼驿站一带(包括今桨

栏路、光复路、十八甫、扬巷),又次是河南大基头(今洪德路)等处较为集中。开市时间由农历12月24日小年夜起,至除夕深夜止。

花市一般在街道两旁店户门前搭起竹架,陈设花木。花的品类,枝头则以吊钟为主。吊钟来自肇庆鼎湖山。徐澄溥《岁暮杂诗》所谓:“双门花市走幢幢,满插箩筐大树秾。道是鼎湖山上采,一苞九个吊悬钟。”就是因为世俗认为一苞九钟是“吉利”的兆头。遇到这可喜的兆头时,多在枝头挂上红绸以示庆祝。其次是桃花,分绯桃和寿带两种。但粤人以桃花命薄,一般不大喜欢,故其价值往往稍低于吊钟。梅花则虬枝倔强,虽不为俗人所爱,但货源较少,而暗香高洁,求之者亦大不乏人,其值亦不在吊钟之下,偶或过之。腊梅则甚少,大枝者尤不多见。水仙花也是花市的主要品类,分企标和蟹爪两种。蟹爪由人工剔成,故价比企标略贵。此花销路最广,为每户人家所必购。盆头花果有金桔、朱砂桔、茶花、桂花、大丽花(粤人谓之芍药)、牡丹(从洛阳运来,多由河南五凤村花农培植)等。购者以金桔、朱砂桔及大丽花为多,牡丹则索价奇昂,一般人不敢问津。此外,有散枝花,专供插瓶之用;品类有菊花、万寿菊,凤尾球、剑兰、鸡冠等,亦甚畅销。

清末除夕花市,除卖花外,不涉杂物。民国以后,陆续加卖字画、古玩、花瓶、水仙盆、小摆设、金鱼、盆栽等各种杂物。古玩、字画,时有明清名家真品小件,精鉴藏者,往往以贱价获得珍品。

花市游人,以近除夕两晚为最多,摩肩接

踵，途为之塞。其中以纯属游览者居泰半。由于“年卅晚游花街”成为广州人习俗，故吃完团年饭后，不论男女老少，倾巢而出，留连花市时间最长。其次是真正买花者，人数亦不少，他们买齐花以后，不敢久留。盖人群挤拥，花易挤残，只得将花束高举过头，急不可待地赶回家去。还有一种是妄图“发财过年”的扒手、流氓，认为此时正是他们的好机会，纷纷出动，施其空空妙手。虽然戒备森严，亦难免百密一疏，间亦得逞。

此外，一些街头小食、儿童玩具、小百货以及年宵品等，不能进入花市，只得在市外沿街摆卖，亦见熙熙攘攘，生意兴隆。

到了深夜一时左右，游人陆续散去，正是家家爆竹迎年之时，卖花者只得把卖剩之枝头花，尽弃地上而归。向者虽有出高价而犹不肯售者，此时亦视同敝屣矣。

佛山秋色

何克承

秋色赛会，是佛山一带的民间文化娱乐活动，又名秋色会景。习俗相沿于秋季举行，至今已有五百多年历史。

明朝永乐年间，在一个秋天的夜晚，一群儿童用茭笋(茭白)壳捆扎成龙的模样(俗称草龙)，在街巷举舞玩要。后来又在草龙上插上香火，口呼鼓乐声，举着火星点点、香烟缭绕的“火龙”，游舞于街巷。想不到这种儿童的游戏，不但为成人所嘉许，而且还有成人参与其中。由于成人的参与，于是粗糙的小草龙，便改良成更肖龙形、遍插香火的大火龙；真正的民间鼓乐，取代了儿童的口呼鼓乐。当地的农民、手工业工人，更各出心裁，用各种材料做成果品、禽畜、鱼虾、器物等等模型，摆在桌上、放在箩篸中，用人扛着、担着随龙而行。而各种民间的表演艺术，亦渐次走进了秋色赛会的行列。经历过由粗到精，由简单到复杂，由自发到有组织的过程，并约定俗成，形成了基本的规格和基本的活动程序，就是今天的佛山民间游乐活动——秋色赛会。这种活动，不仅表达了群众庆祝丰收而表现自己的才智的游乐活动，同时加进了祀神的内容，表达旧日人们祈求风调雨顺、五谷丰登、国泰民安的纯洁意愿。

到了明朝末叶，秋色赛会遍及四乡，但以佛山规模为大。佛山每于中秋节前后，以祖庙(灵应祠)为中心举行赛会，并表演各种文艺节目。《佛山忠义乡志》描述当年秋色赛会的盛况说：

> 于是征声选色，角胜争奇。被妙童以霓裳，肖仙子于桂苑，或载以彩架，或徐步而行，锣鼓轻敲，丝竹按节……种种戏技，无虑数十队，亦堪娱耳目也。灵应祠前，纪纲街口，立者如山。柚灯纱笼，沿途交映，直至五鼓乃罢。

经过了五百多年的积累和发展，佛山秋色成为了综合性的民间艺术。它的艺术形式，概括起来，大致可分为表演艺术与手工工艺两大类。表演艺术包括民间音乐、舞蹈、戏剧、竞技、舞龙、舞狮、游戏等。手工工艺包括扎作、裱贴、粘贴、针刺、雕刻等。这些手工艺品的最大特点是刻意以假乱真，力求形神兼备。如以雕刻为主的工艺品中，用番薯雕成芒果，用实心木瓜雕成杨桃，用红萝卜雕成柿子，用白萝卜雕成菊花，用竹笋雕成甘蔗，用凉粉塑成塘虱，用木料纸团制成石山等等，都是逼真传神，维肖维妙。又如用裱贴(纸扎)仿制陶瓷器皿，用白蜡仿制古玉等古玩古董，真是维妙维肖，令人叹为观止。这些手工艺品的精巧，正如郭沫若所说的那样："凭将秋色千张纸，夺取乾坤万象春。"

佛山秋色的内容，又可分为车色、马色、水色、地色、灯色、飘色、景色等几大类。其中水色是指"陆地行舟"。用竹木布帛等为材料，仿制成各种船形，如龙船、紫洞艇、采莲船、鱼生粥艇等；人在船中扮演有关角色，边走边作表演。其余诸色，均有具体的形式与内容，难以尽述。

秋色的游行队伍，更为壮观：通常有号灯、开路队、大灯笼、唢呐、头牌、旗幡、罗伞、车色、灯色、抬面、担头、马色、陆地行舟、十番、八音锣鼓、扮演故事、杂剧、游戏、竞技高跷、舞龙、大头佛、舞狮等二十多个项目，令人目不暇接。

佛山秋色，就以这样集中反映佛山地区多

姿多彩、巧夺天工的民间艺术闻名中外。

二月十三游波罗

黄淼章

“香火万家市，烟花二月时。居人空巷出，去赛海神祠”。这是宋代诗人刘克庄描写的广州波罗庙会的盛况。每年农历二月十三日，是传说中的南海神诞，又是广州地区民间传统的波罗庙会。许多来自珠江三角洲一带村民，港澳同胞和中外游客，都到庙中欢庆这一民间盛会。

南海神庙又称波罗庙，这里有一个古老的传说：古代波罗国有一海员，沿海上丝绸之路来到广州，他携有波罗树并种于南海神庙内，因贪恋庙中景致，误了开船时间，后立化于海边。村民感其是来自波罗国的友好使者，按其生前举左手于额作了望大海盼番舶归状，塑像祀于庙内，称为达奚司空，俗称“番鬼望波罗”。后来，神庙被称为波罗庙，神诞也叫作波罗诞了。

波罗庙会起于何时，今已不可考，但据刘克庄诗，至少可追溯至宋代。庙会期间，热闹非凡。据清人崔弼所著《波罗外记》记载，神诞前后南海神庙内外“楼船花艇，大舟小舸，连亘十余里，有不得就岸者，架长篙接木板作桥，越数十重船以渡。入夜，明烛万艘与江辉映，管弦呕哑，嘈杂

竟十余夕。连声爆竹,灯光通宵,登舻而望,真天宫海市不为过矣……凡省会、佛山之所有日用器物玩好,闺阁之饰,儿童之乐,万货聚萃”。当年庙会之盛况,由此可见一斑。

近年来,广州市文物管理委员会拨款重修了南海神庙,中断了多年的传统庙会也恢复了,每年神诞,都有十余万观众前来参观游玩,当年宾客如云的景象,也已逐渐恢复。

藤衣蓑裙舞火狗

姜永兴

广东的瑶族,信奉盘瓠,农历十月十六日“盘王节”,是瑶族拜祭盘瓠的传统节日。此外,各地瑶区又有各种形式的祭祀活动。

粤中龙门蓝田瑶族,中秋之夜,全族举行“舞火狗”活动。活动形式多样,情趣盎然。

是日白天,各村未婚少女都上山割藤条和摘黄姜叶;各家分别准备大把香火,由姑娘们按户集拢,跟藤条、黄姜叶一起集中堆放。晚上,夜幕降临,皓月高悬,全村未婚少女集聚一起,由指定的两名中年妇女为之装束:每人的手臂、腰、腿部都用藤条捆满黄姜叶,并在藤条上遍插燃烧的香火,头戴的草笠上,亦插满香火。梳装完毕,姑娘们由高至矮排列成序,在村寨中央地坪上载歌载舞。火点闪烁、烟雾缭绕的舞蹈队伍,似一条蜿蜒游动的长火龙。这就是“舞火狗”的队伍。

继之,火狗队伍穿街过巷,到各家的厨房、灶前舞拜一番,舞毕又绕各家菜园一圈。然后游走到村外溪旁,将身上捆缚的藤条、黄姜叶、香火、草笠扔到火中。并用河水洗抹手脚,象征沐浴全身,祛除邪恶污秽。此时各村“舞火狗”队伍,都陆续汇聚在河流两岸上下游,姑娘们互相泼水嬉耍。

在整个过程中,男青年则在一旁燃放炮竹助威。姑娘们洗涤一洁后纷纷上岸,便开始自由组合,隔河或涉水往返对歌,对歌只在不同村的异姓男女青年之间举行。在这月白风清之夜,男女青年通宵追逐,对歌寻欢,未婚者通过对歌,自由择偶。

“舞火狗”活动,男女老幼倾村出动,场面阔大,景象壮观。据说,族规有不成文规定:瑶族姑娘要这样穿蓑披藤挂草叶,参加三届“舞火狗”活动,才获得婚配权。

广州口语中的忌讳

日　生

广州口语中有许多忌讳语。

一般人讳言“干”字,把干称为“润”。猪、牛、鸡、鸭的肝，分别称猪润、牛润、鸡润、鸭润(有些地区不称“润”而称“湿”)。人的肝不改称，但有时也说“少咗块润”(意思是有点傻)。干杯叫“胜杯”。担杆叫“担湿”。讳言“舌”(因与亏蚀的蚀同音)，改称“利”。猪、牛、鸡、鸭的舌，分别叫猪利、牛利、鸭利，人的舌也不例外。猪的胰脏形似舌，称猪横利。苦瓜讳“苦”字而称凉瓜。丝瓜讳“丝”字(与“输”音近)而称胜瓜。箸叫作“筷”，前有修饰成分的则称竹筷、银筷、象牙筷等；前无修饰成分的叫筷子或筷箸。陆容《菽园杂记》记吴中俗讳，说舟行忌住和翻，称箸儿为“筷儿”，广州情况类此。又讳言“凶”字、“血”字、“死”字。“空”与“凶”同音，空屋称“吉屋”，出租贴广告，写“吉屋招租”；出卖时交空屋，叫“交吉”。空手称“吉手”。猪血讳“血”字称“猪红”。喜庆事、丧事合称“红白二事”。死人用物，常用个“寿”字，棺木称“寿木”、“寿板”(又称“长生”)。殡殓用的衣服、鞋子称“寿衣”、“寿鞋”。送礼忌送钟，因“钟”与“终”同音。殓房称“太平间”，遗嘱称“平安纸”。准备危险时疏散用的门、梯，称“太平门”、“太平梯”。年尾炸油角，爆开口，不说爆了，而说“笑了”。点心中的开口枣称为“笑口枣”。讳“母”(与“无”音近)，称舅母为“妗有”(水上居民较多)，称伯母为“伯娘”以避母字。讳“书”(与“输”同音)，称通书(历书)为“通胜”。

忌讳语的产生，大概由于人们爱利恶亏、趋吉避凶的意愿，往往用反义词代替不祥的词(哪怕只是同音),以消除不祥感。相沿成习,不以为怪;如果你去买猪利,说要买猪舌,反而使人觉得好笑了。

广东人食虫之俗

杨星荧

广东人多有嗜食虫类之习。

沙虫(沙蚕,本名方格星虫),形如蚕,色微褐,产潮、汕、雷州半岛、电白、水东等濒海地区。不论鲜品、干品,都已成席上之珍。人们多用以熬汤或油炸以下酒,味极甘美。但体内沙多,须设法去清沙粒,否则不能下咽。

禾虫,产水田中,长二寸左右,或绿色,或橙色,虫身两侧密生软足。禾熟季节,潮涨入田中,禾虫繁殖甚快;潮退时,禾虫成群自田中流出,甚至涌入河内。以箕接之,顷刻盈筐,人争购买。食法:以炖为常见,拌以烧肉、香酱、榄角、粉丝、姜、葱蒜、盐、酒、胡椒末及香油,置瓦钵中,隔水炖熟;再置钵于炉上,慢火烘至水分干透,味尤鲜美。又有煲法、炒法,及取浆和以鸡蛋煎食,也是家庭通常食谱。此外,还可以生置坛中,加盐密封贮之,历久不坏,谓之禾虫酱。自食或馈赠,实为佳品。

蚕蛹(蚕虫),是缫丝后的熟蛹,含丰富蛋白质,其油还有降压作用。顺德、九江等地,喜把蚕蛹烘干,用辣椒加盐炒之,或把烘干的蚕蛹拌盐后炸脆,贮瓶中,可小食或下酒。现在市场上也常有蚕蛹出售。

龙虱、桂花蝉,两者都是街头小食。龙虱是体形椭圆而扁的甲壳虫,生池沼及水田中,长寸余,色黑褐,稍带绿光,甲内有翅,能飞、能爬、能潜水,俗称"海陆空"。捕来的龙虱以盐水渍之,熟后,摘头、去甲翅及足,拉出肠脏即可食。据说可以壮腰强身,止夜溺。现在番禺有龙虱补酒,就用它作主要原料。桂花蝉,是蝉的一种,翅脉绿色,有香气如桂花,故名。雄性者体较小,香气尤烈,味微辣,人多嗜之。食法、药效与龙虱同。坊间有提炼成油者, 以少量入菜肴中, 味益隽永。欧洲人亦喜食。又越南有桂花蝉酒,甚有名。

蝉,有色黑而大者,有色暗绿而小者,均可食。人们夜间燃灯树下,摇树,蝉即坠下,捕之,去翅足,香油炒以下酒。

鸡㟅虫(地老虎)和蜂虫,农村人往往嗜之。鸡㟅虫是甘蔗、甘薯的害虫,比蚕肥大,色白如雪(成虫为甲壳虫,名金蝇子)。把虫在开水中烫过,摘去尾部黑色部分(粪便),和面粉油炸,含丰富蛋白质。蜂虫是野蜂巢中的幼虫,挑出生吃,味甘如蜜,尤为儿童所喜。

禾虾,形似蚱蜢而小,色青绿,产稻田中,触须长如虾,故名。早晚两造收割时捕之,燃禾杆一束,投禾虾其中,火灭,则肉熟翅焦,食之,鲜美如虾。

竹虫，是竹笋的害虫。吾粤广宁多竹，故广宁圩市常有竹虫出售。去其甲壳头足，以油炸之，可为下酒物。

此外，粤人有嗜食猪肉虫、蜈蚣、蜘蛛者，但不大普遍，故不赘述。

自梳女与不落家

李松庵

在旧社会，广东珠江三角洲一带曾盛行“自梳女”与“不落家”一类消极抵抗封建婚姻的习俗。这块富饶的鱼米之乡，妇女多从事养蚕、种桑、缫丝、纺织、刺绣等业，经济能够独立，无需依附丈夫生活。她们知道，一旦结婚，沉重的夫权枷锁就会压得他们喘不过气来，如果遇到恶婆毒姑，长舌妯娌，那就更加难于安生。正如一首儿歌的哀叹：“鸡公仔，尾弯弯，做人媳妇实艰难。早上起身都话晏(晚)，眼泪唔干入下间(厨房)。下间有个冬瓜仔，问过老爷(家公)煮定(或)蒸？老爷话煮，安人(家姑)话蒸，蒸蒸煮煮都唔(不)中意，拍起台头闹(骂)一番。三朝打断三条夹木棍，四朝跪烂九条裙。”不少妇女为了逃避封建家庭的虐待，宁愿长期过“自梳女”和“不落家”的独身禁欲生活，终生不嫁。

旧社会当地的未婚妇女，都蓄油光大辫，结婚后才盘髻。一些妇女决心不嫁，通过一定仪式，以示清白，这叫“自梳”，或“梳起”。

有些少女虽想“自梳”，却遭父母干预，有的又考虑到“自梳”到了晚年，不容于娘家亲长，怕被撵出家门，为了寻求安身立命之地，她们便采取了折衷办法——“不落家”。这就是由女方物色男家，这男家一般比较贫困，由女方补贴一些银物，女的名义上嫁给男方，实际上不过夫妻生活；二家甘允后即用铜鼓花轿送新娘至男家，拜堂完毕，即算结婚，但新娘却回娘家长住，或到姑婆屋(“自梳女”合资兴建的屋宇)与其他“不落家”妇女共住。以后男方再娶，或另立偏房，悉从其便，女方绝不过问。到了女方人老病危，便沿着早年乘花轿经过的老路，用竹兜抬至男家，由庶出子女侍奉汤药，直至寿终正寝，安坟下葬为止。这种妇女，名为已婚，实亦独处，与“自梳女”名异实同，遭遇也是一样的。

咸水歌和客家山歌

邓端本

岭南人善歌，岭南民歌名闻天下。

屈大均《广东新语》有“粤俗好歌”的记载，并说古时的广东人，凡有喜庆事，必唱歌以助兴。

岭南民歌，情辞并茂，缠绵动人，种类繁多。其中有影响的是广州方言地区的民歌和客家山歌两种。

广州方言地区民歌，可分为粤讴、摸鱼歌、汤水歌、咸水歌、龙舟、南音等数种。歌词多是反映男女爱情，如“妹相思，不作风流待几时。只见风吹花落地，不见风吹花上枝。”以鼓励人们对美好爱情的追求。又如：“岁晚天寒郎不回，厨中烟冷雪成堆。竹篙烧火长长炭，炭到天明半作灰。”倾诉热恋中相思之苦，感情何等真挚！

咸水歌流行于珠江三角洲一带，是水上居民中的一种歌谣。男女对唱，在山之间，水之滨，常可听到。亦多属情歌一类。如女唱：“正月芥兰二月荞菜，绕埋起头髻等哥开来。”男则答道：“拆只大船装只小艇，得来方便带妹去埋城。”女又唱道：“船头擦穿船尾擦烂，擦穿擦烂不见人还。”男也答道：“装只大船还有两样，想妹唔到实在心伤。”女唱：“新打薄刀共哥斩缆，斩开大缆免畀人弹！”男答：“大缆斩开小缆又续，续番条缆共妹痴缠。”如此你来我往，直至有一方唱赢为止。这些咸水歌都是用粤语唱的。抗日战争前，中秋之夜，曾多次在白云山上举行咸水歌大会，战后便停止了。

客家山歌流行于操客家方言的地区，有踏歌、月歌、采茶歌等数种。它历史悠久，感情丰富，语言纯真，有较高的文学价值。如“入山看到藤缠树，出山看到树缠藤。藤生树死缠到死，树生藤死死也缠。”藤和树的关系比喻男女间坚贞

的爱情,读之感人。

采茶歌则用词幽雅,感情丰富,艳丽动人。歌曰:“二月采茶茶发芽,娣妹双双去采茶。大姊采多妹采少,不论多少早还家。”又曰:“三月采茶是清明,娘在房中绣手巾。两头绣出茶花朵,中间绣出采茶人。”极言爱情纯洁与美好。

清乾隆年间,李调元辑录了一本岭南民歌集,名叫《粤风》,其中有不少是民歌中的精华。还有招子庸在道光年间写成的《粤讴》,更具文采,曾译成英文,传至欧洲各地。

戏女婿

钟彝

戏女婿与闹新房同是旧式婚礼中的习俗。流行于珠江三角洲各县,特别是广州附近地区最为普遍。这玩意可能有些因果关系。因为闹新房是以新郎的案兄弟为主,以新娘为对象,进行在先;戏女婿则以新娘的姐妹为主,以新郎为对象,进行在后。如果闹新房时,闹得不那么厉害,则戏女婿时就和风细雨,“轻舟已过万重山”。否则,新郎便难免吃些苦头了。但两者的动机都是为了增强婚礼中的欢乐气氛而已。

戏女婿一般在新娘三朝回门之翌日(或另择吉日),女家以上等筵席宴请新郎,谓之“新姑爷上厅”之时进行的。席上丈人坐主位，新郎以娇客坐宾位，另由女家请四男客作陪，并雇堂倌在旁引赞。上主肴(有钱人是鱼翅或燕窝)时，例由丈人离席向新郎躬身一揖作礼，然后入席向新郎敬酒，以示今后女儿全仗照料之意。随即觥筹交错，频让起箸。但席上嘉珍，习惯只能浅尝辄止，例不饱食。筵席中鸡、鹅、鸭、腊味并陈。而姐妹们为了戏弄新郎，故置海参于其前，其余则暗中贯以铜丝，然后匿于暗处，窥其动静。新郎持象筷固不敢向海参下箸，然不慎夹到一片已贯铜丝的肉片或腊肠，则成串带起，在暗处的姐妹则哄堂大笑，如新郎举止失措，则又哗然复起。也有暗置爆竹于新郎座下，一声巨响，使新郎大惊失色，藉以取乐。因此，凡作新女婿者，心理上必预作诸方准备，以防失仪。

尤有趣者：有一乡村，凡新姑爷上厅，姐妹们必为新郎取一绰号。如戴眼镜者曰“四眼某”，镶金牙者曰“金牙某”，高者曰“高佬某”，矮者曰“矮仔某”，肤黑者曰“黑面神”，白皙者曰“白板仔”等等。必在暗处集体齐呼，务令哄堂，新郎则狼狈不堪。自此以后，则为此人终身绰号。一次，新郎温文尔雅，态度雍容，席间谈吐大方，举止中节，无疵可摘。至席散，新郎告辞，心中窃喜。出门上轿时，暗伺于旁之案兄弟问取何绰号？新郎笑曰：“幸而免。”不料为躲在轿后之姐妹所闻，大呼曰：“他叫‘幸而免’呀！”于是屋内姐妹齐出门前大呼“幸而免”，绰号终于不能免。

广州的反帝民歌

柳青青

自鸦片战争以来，广东人民饱受帝国主义者的欺凌，反帝斗争很激烈，反帝思想也反映到民歌里来。现在举几首为例：

一声炮响，义律埋城，三元里顶住，四方炮台打烂，伍紫垣讲和，六百万赔款，七钱二兑足，八千斤火铳，久久打下，十足输晒。

这首民歌，反映鸦片战争中广州人民对抗敌失利的愤懑，批判了清廷消极抗敌、积极求和的做法。民歌运用了数字诗的体裁，从一写到十。其中“义”谐广州话的“二”音，“伍”(姓)谐“五”，“久久”谐“九九”。义律是当时英国驻华的战争全权代表。鸦片战争开始，他指挥陆军侵犯广州，三元里平英团联合附近一百零三村居民共同抗敌。伍紫垣是广州十三行怡和行行主，代表清廷对英议和。这首民歌简练概括，耐人寻味。

在八年抗战中，反映人民抗日精神的有：

箩卜头，大水牛（两句都指日军）。杀我亲人抢我牛，都市踏成平地样，田园瓜果冇（无）得收。大家齐心来抗战，清算当年血海仇。

民歌固然反映出抗敌的决心，即使是儿歌，也不忘渗入，如：

月光光，照地塘（晒谷场）。年卅晚，摘槟榔。槟榔香，买子姜。子姜辣，买蒲达。蒲达苦，买猪肚。猪肚肥，买牛皮。牛皮薄，买菱角。菱角尖，买马鞭。马鞭长，顶屋梁。屋梁高，买张刀。刀切菜，买箩盖。箩盖圆，买只船。船冇底，浸死两个番鬼仔：一个浮头，一个沉底。

这首儿歌教导儿童熟悉常见事物的名称和特点，帮助他们掌握短句，本是知识性的，但末尾，政治性极为强烈，充分表达了广东人民对侵略者的仇恨。

20年代广州之茶楼与茶室

梁俨然

广州市民爱好品茗，一般市民每于休息之余，三两知己，登楼品茗，或谈世故，或研究商业，或商讨技术等，故品茗之风颇盛。品茗地方，有茶楼与茶室之分，形式有别。

茶楼，只供茶点，不设大小菜式，只卖粉、面、饭。入门，由伙伴(服务员)招呼，询用名茶，各种皆备。以茶盅泡水滚冲，以水滚茶靓见称。食品则由伙伴捧出唤卖,任意择选。结账时则由店伴高喊:“开来一钱四分八,或七分二厘”等数目,雇客才到柜面结账。有名茶楼则以礼饼、中秋月饼驰名。次为著名饼食,如莲香莲蓉酥、成珠鸡仔饼、德昌咸煎饼等等。

茶室,以地方雅洁,食品精致,式样繁多见称,而门面装修朴素,不及茶楼之辉煌壮观。室内座位有幽静闲逸之趣,每星期更换点心,叫星期美点,创款新颖,与茶楼之长期不改变种类者大不相同。茶楼以两三式特色而享美誉,而茶室则愈换愈新,口味日异。其次茶室雅静,招待周到,低声细语,不若茶楼之喧闹。品茗尝点心,每星期不同。茶室印有点心名单,每客一本,需要何类食品,以笔圈划单上随即送到。取用多少任便,没有沿座叫卖之声,保持清静,结账时由店伴代办。茶室精致的名点心较多,如半瓯糯米鸡、灌汤包,茶香室粉果,陆园茶室烧卖,兰溪梳付厘,道平鸡旦挞,龙泉荷叶饭等。

讲 生

罗本民

旧社会医疗服务不普及,中下层人士偶染疾病,未必即能延医诊治。迷信者求神茶,求仙方,固无论矣。而一般市民,则以求成药为主,故中成药大有市场。

粤中中成药店由来已久，如陈李济创自明代万历年间，何明性创自清代顺治年间，黄中璜创自清代康熙年间，皆以名家名药问世，自有口碑，不烦宣传也。民国以来，药商日众，商战一词流行，于是宣传产品乃为各家悉心著力之手段。盖成药大量生产，成本自低，虽提高售价，但较之方剂则远为低廉，故货流甚畅，获利甚厚，甚至有毛利达百分之五百者，但用于宣传之费用亦达百分之四百。

二三十年代，粤局稍定，河网地带交通以轮渡为主，于是有“讲生”一行业出现。“讲生”，即药商雇佣之行江员(宣传员)。彼等携带少量药品于各江轮渡上作口头宣传：病症如何，药效如何，说得天花乱坠；甚至誓神赌愿，矢言童叟无欺。此辈往往一讲数家，或乘船讲一段航程即登岸，又搭乘另一回头船宣讲。一次航程常为数家讲生，轮流分段效力，收入颇丰。其中亦有藉此起家，与他人合伙投资设店，另立门户，成为新兴药商者。

小榄菊花会源流

莫仲予

昔有小柴桑之称、今有菊城之誉的中山县

小榄镇，以艺菊名闻遐迩。小榄人艺菊之风，由来已久。相传宋咸淳十年甲戌(1274)，因逃避兵燹，经南雄南迁的人，有一部分在香山(今中山)大榄之飞驼岭、凤山、圆榄山和半边榄山等山麓及沙丘高处定居。他们多是故家望族，明代以后，应科举、入仕途者大不乏人。后来致仕归田者多辟园圃、莳花木以自娱(一说他们迁来时，正值菊花季节)，特别是艺菊成风，各蓄奇种，以相矜耀。清初《迁海令》下，复受海盗之扰，乡人委家他徙，园事遂荒，小榄菊花，遂尔荡然。

到了康熙二十三年(1684)以后，朝令各省开界，沿海居民才逐渐回复"内有耕桑之乐，外有渔盐之资"，小榄艺菊之风，也渐盛于往日。

乾隆元年(1736)，小榄乡民联合菊户，于霜降后十日，设菊场，举行"菊试"。以三不(不脱裙、不交枝、不跪脚)为标准，以"三了六顶"为式，以"一棒雪"为极品，品评等第，定甲乙、选魁首，奖赏有差。是为有组织的菊展之始。

乾隆五年(1740)以后，小榄氏族、庙宇、坊社、图甲，多结"菊社"，公定每岁重阳日，集佳种于社中，征歌会宴，共庆秋成。文雅之士还成立诗社，分题征诗，其中以贯虹、花溪等社旗鼓最盛。

从乾隆四十七年(1782)开始，菊社改为"黄花会"，会无定期。乾隆五十六年(1791)曾集会一次。至嘉庆十八年(1813)，乡人认为祖辈经南雄迁来时岁在甲戌，明年恰值甲戌之年，为了纪念开村,公议自明年开始,每逢甲戌年,即举办菊花大会以为定例。

嘉庆十九年甲戌(1814)第一届菊花会时,大小二榄菊社、花市,星罗棋布,盛况空前。展出的菊花有:一棒雪、小银台、鸳鸯锦、檀香球、紫牡丹、粉褒姒、醉贵妃、状元红、御衣黄等七十二名种。

同治十三年甲戌(1874)第二届菊花大会,小榄何、李、麦三大姓各自成立菊会,联合为大会,规模更大。这次以诗坛独盛,大会举办"斗菊筵",广征诗联。重阳之日,集各地文人骚客,诗酒唱酬。由大会命题,题有《登风度楼怀张文献公》、《菊糕》、《菊酒》、《菊枕》、《菊灯》等,最后评出优胜者三十三名,由大会颁奖。

第三届菊花大会是在民国二十三年甲戌(1934)。这届,全镇分东西南北中五区同时展出。大街小巷,百菊纷陈。各氏族、坊、庙、社共搭花棚二十四座,花街、花楼各十二处,花桥、景棚各八处,花塔六座,艺菊场九处,戏棚十一座。还有省港同乡会之游艺场、老人健康比赛、征诗、征联、农业展览、鱼灯水色等活动。游行队伍,夜以继日,远近来游者达一百万人。

解放后,菊花大会改为十年一届,首届在1959年举行。第二届菊会应在1969年,由于十年动乱影响,改期在1973年。

1979年,农村经济日益繁荣,为庆祝建国三十周年,又举办一次菊花大会。这次大会规模之大,为历届所未有。

木棉

星星

木棉,盛产于南粤,尤以海南为多。枝柯斑驳,又称"斑枝花"。花红似火,树高插云,故又称"烽火树"。

木棉高可达二十五米,树干有圆锥状刺。侧枝斜展,末稍蜷曲如爪。花大如碗,色艳红。暮春时节,繁花盛开,灿若垂星缀锦,占尽蓝天景色。花落结子呈草绿色,子熟裂为五瓣,吐絮如鹅毳,乘风起舞,如蛱蝶、如柳绵,唐李商隐诗云"蛱蝶飞回木棉薄",即谓此。花开时,天气转暖,粤人说:"木棉花开尽,没冷了。"花落后,叶始生。复叶如掌,及冬而黄,次年早春只剩秃枝,未几,又花蕾密布,故木棉是先花后叶的乔木。

木棉花干品可供药用,有去湿之功,是五花茶主药。棉絮可作枕、褥,但不可絮衣织布。唐元稹《送岭南崔侍御》诗云:"大布垢尘须火浣,木棉轻软当棉衣",下一"当"字,正说明其不可絮衣了。

自唐以后,吟咏木棉者多。至于写入山水画,则自清黎简始。清谢兰生(澧浦)《常惺惺斋书画题跋》说:"吾粤画人,自二樵山人(黎简)始以木棉入山水,第俱用朱点而不叶。"黎简所作《红棉碧嶂图》,是写故乡景物。他家乡顺德凤山书院有红棉一株,“特为翘异,花时如亿万华灯,烧空尽赤。下构一亭,颜曰:红棉碧嶂”(见《顺德县志》)。黎自题画册云:“红棉碧嶂,此南海真景也。余喜为此图,而南士少为之。”他自注所题诗云:“近年四方之士来游粤,索予画,予多以此图贻之。三年以来,此图度岭几数十本矣。”《红棉碧嶂图》是黎得意之作,粤人郭乐郊亦善画木棉鹧鸪,与黎齐名。

木棉与杂树同植一处, 其枝干因争吸空中水分,必高出众树,故又称“英雄树”。20世纪80年代末,木棉被选为广州市花。园林、大道旁多植木棉,栏杆、窗棂多用木棉作图案。

素馨

杨星荧

素馨,一名野悉蜜花,原产印度,移植南海。枝干袅娜如蔓,叶似蔷薇而碎,花似茉莉而小。花有黄白二色,白者香胜茉莉。

广州城西南有花田,俗称花地,平田弥望皆素馨。向午花蕾如粟如珠,薄暮花开灿如凝雪,浮香清冽。相传南汉刘隐时, 有侍女名素馨葬此,冢上生此花,因而得名。其时南汉宫人多葬此,花香异于他处。丘逢甲诗云:“欲写美人香草

恨,秋芜满地素馨斜”,即咏此。

素馨夏日多花，妇女昧爽往摘，取其未开者,覆以湿布。花客涉江购买,城内外买者万家:富者以斗斛,贫者以升计,量花若量珠焉,故有“万斗量花”之语。

广州人多以彩线、或小铁丝穿花为饰,一时穿花作串者数百人。妇女多贯花绕髻，汉陆贾《南中行纪》已有记述。宋祝穆诗云:“细花穿弱缕,盘向绿云鬟。”花以夜开,上人头髻后氤氲竟夕,至晓而萎,余香未尽。穿花者多不簪戴,故咏者曰:“花田女儿不爱花,萦丝结缕饷他家。贫者穿花富者戴,明珠十斛似泥沙。”

花宜作灯,雕玉镂冰,玲珑四照,冶游者以导车马。杨用修云:“粤中素馨灯,天下之至艳者也。”每岁七夕或秋冬作醮,千门万户皆挂素馨灯,或结白鸾青凤,或作璎珞流苏,间以朱槿,红白相映,芳香四溢。清黎简诗云:“广州花时过未曾?夜夜素馨穿作灯。”可见素馨灯供不应求。

宴会酒酣,每出素馨球献客,沉醉者吸香而醒。盛暑时挂球帐中,枕簟生凉。谚云:“槟榔辟寒,素馨辟暑。”粤人以此二物为贵。

素馨之含苞未放者称素馨针,取之与名茶杂贮瓶中,经宿冲饮,香气甚烈。素馨针可作为药用。以花蒸油取液作面脂头泽,谓能长发润肌云。

素馨夏日多花。重五之昼,双七之宵,好事者泛舟海珠或西濠香浦,琼英胜雪,幽香袭人,赏花会友,亦一时盛事。

近数十年来,社会风气变化,素馨需求量骤减。花农久不栽植,遂有绝市之叹。

岭南荔枝

晶 莹

荔枝原产于我国南部，海南岛和廉江都有野生的荔枝林,足为凭证。汉代南越王赵佗,曾向汉高祖进贡荔枝,岭南荔枝始入中原。故仅从那时算起,岭南荔枝的栽培足有二千年以上。

除岭南外,闽蜀荔枝也很有名。论者每就此三地所产者争其高下:粤闽荔枝实相伯仲,蜀荔稍逊。若论荔枝栽培之久、种地之广、品种之优之多,当推岭南。唐代杨贵妃嗜食鲜荔,玄宗每岁令人飞骑以进,十里一置,五里一堠,颠坑仆谷,惊尘溅血,人民不堪其苦。所取鲜荔是蜀产抑粤产,颇多争议,置而不论可也。

岭南荔枝之培植,首推广东。广东除粤北数县外,其余各市县皆有荔枝栽培。其中以广州郊县及佛山、惠阳、汕头、海南所产甚丰。广州城西荔枝湾一带,是历代盛产荔枝之地。南北朝时,已有成片荔枝洲出现，到清代，种荔枝者数千家,荔熟时红云十里。

广东荔枝有六十余种,常见者有三月红、水东、黑叶、妃子笑、桂味、糯米糍及淮枝。三月红

(玉荷包),绿如玉,带红色,或淡红,最早熟,农历三月即现红色,果大核大,肉厚微酸。水东亦为早熟种。黑叶、妃子笑、桂味俱中熟种。黑叶,农历五月熟,果皮深红,肉厚而甘,间有小核者。妃子笑,艳红色,果大。桂味,淡红色,果中等。两者裂片都细密,裂峰尖锐刺手,肉厚核小,甘甜爽脆,香气浓郁,实为上品。糯米糍,艳红色,果大,裂片疏而大,隆起无刺,肉厚核小,甘甜多汁,多食则腻,亦上品。淮枝,深红色,裂片大而平,肉甘而不酸,产量最高。两者俱晚熟。增城挂绿为珍稀品种,《广东新语》云:“挂绿荔枝,爽脆如梨,浆液不见,去壳怀之,三日不变。”其果皮缝合线深而绿,传说为仙人挂线于树而成。果农取红丝束两果,置透明小盒中出售,为送礼珍品。此外,有新兴之香荔,体积较他种略小,核则细如绿豆,肉脆、味甘,亦为岭南名种。

闲话槟榔

邓端本

槟榔是一种热带植物,树高十余丈,果实呈椭圆形,颜色橙红,可作食用。产于东南亚一带,我国海南岛亦有种植。晋人嵇含笔下的槟榔树,则湛然一碧,婀娜多姿:“仰望眇眇,如播丛蕉于竹杪,风至摇动,似举羽扇之扫天”(见《南方草木状》)。

古代的两广、福建、云南、四川等地，均有嗜食槟榔的习惯，尤以宋代最盛，当时海南岛则一半以上的县份为槟榔产地，不但内销大陆，而且还出口越南、柬埔寨等地，故槟榔税收约占海南岛税收一半以上。

两广人士吃槟榔，相当讲究，吃时要有蚬灰和蒌叶(一种藤生植物的叶子)作为佐料，把蚬灰涂在蒌叶上，纳槟榔于其中，唇摇舌动，咀嚼不止。据说甘浆洋溢，齿颊留香，嚼后吐出的唾液深红色，便有"阶下腥臊堆蚬子，口中脓血吐槟榔"之诗句。以槟榔待客的风气一直延续至清代，清人彭羡门《岭南竹枝词》中，就有这样的一首曰："妾家溪口小回塘，茅屋藤扉蛎粉墙。记取榕阴最深处，闲时来坐吃槟榔。"为了方便吃食，人们设计了一种随身携带的槟榔盒子。这种盒子用银或锡制成，里面分为三格，一格装蚬灰，一格装蒌叶，一格放槟榔。后来也用一种槟榔荷包，宽三寸多，呈长方形，挂在腰间，随身不离。《红楼梦》第六十四回中便有如此的描写："贾琏，……因见二姐手里拿着一条拴着荷包的绢子摆弄，便搭讪着，往腰里摸了摸，说道：'槟榔荷包也忘记带了来，妹妹有槟榔，赏我一口吃。'"如此看来，吃槟榔这一嗜好，到了清朝，已由南而至北了。

公鸡拜堂

李松庵

19 世纪末叶，很多契约华工(猪仔)万里迢迢跑到异国，年华逐渐老大，鉴于当地对象难觅，终于把希望寄托于祖国亲人身上。若要归国成亲，又苦于无法筹得往返盘缠，因此不得不由在故乡的父母或长辈作主，凭着寄回的全身照片，(据说曾有人用半身免冠照片择偶，事成后，女子才发觉男子竟是个瘸子，后人逐渐改用全身照片)央媒人作伐。征得两厢情愿后，即行择吉成亲。

成亲之日，由大妗姐或伴娘，随新娘的花轿来到男家，其仪式一如乡俗常规。但在夫妇合卺拜堂时，则以新郎的西装、衬衫、领带、皮鞋、毡帽(也有用长衫马褂的)盛在一个大型红色喜盒里，从床脚解开一只用红绳缚着的大公鸡，由伴郎捧着，向大妗姐扶着的新娘互相对拜，一面由堂倌(或伴郎)与大妗姐互念时文，说些吉利和慰藉的话。礼毕便将新郎的衣帽吉盒放在床上，公鸡缚在床脚，算是洞房。至于吃暖房饭，则在座上设一新郎虚席，象征性地夫妇互饮交杯酒，以后将新郎的放大照片挂在梳妆台旁边，日夕相睹，作为长期的精神伴侣。

这种畸形婚姻关系确立之后，“万里姻缘一线牵”的精神支柱，就靠这对从未见面的伉俪，用信函和年节银物、照片的来往，来累积和加固双方的感情。在长期迷茫怅惘地期待中，年深日久，其中有的也盼到丈夫回来团聚，亦有极少数侨眷能到国外和亲人相见。但更多的便是待到两鬓如霜，男方丧失劳动力之后，被撵出异国大门，踉跄回到故里，才初次会到白发苍苍的新娘。其中老死异国，夫妻终生无缘一见的亦复不少。

这一华侨畸形的婚娶习俗，以广东四邑(台山、开平、新会、恩平)较多。第二次世界大战结束后逐步减少。解放后由于祖国强大，海外华侨地位日益提高，这种过去的苦难岁月，已一去不复返了。

“金山婆”的辛酸

杨星荧

“金山婆”,是过去称赴美华侨的妻子。一提到金山婆,人们眼前就会浮起一个形象:衣服光鲜,穿金戴玉,手头阔绰。谁知道她们也有一肚子辛酸:

一、朝思暮想。我家乡南海蟠岗的华侨,多在美国搞洗衣、餐馆工作,一般是十多岁出国,稍有积蓄后便回国娶妻。留居一年左右,妻子怀了孕,他又返美拼搏了,十年后再回来,生下一两个子女又走。如此一而再,再而三,直到白发苍苍才落叶归根,不再赴美。作为华侨之妻,一结婚就要准备生离,先过十年织女生活。因此离别前,往往嘤嘤啜泣,无限哀伤;离别后朝思暮想,郁郁不乐。好在老一辈妇女大都恪守妇道,奉养翁姑,持家教子,怨而无言。个别不能守的,就会悄然离去。十年过后又十年,夫妇双方都垂垂老矣。老翁最后来归,立刻修建房舍,物色妾侍,享其齐人之乐。老妻已两鬓如霜,欲哭无泪了。正是:“暮想朝思年复年,鹊桥一架又心悬。等他落叶归根后,新人欢笑故人捐。”新人呢,生了两三个孩子后,老翁去世,她也席卷而去,遗下儿女给大妈照顾。

二、弃如敝屣。华侨乡土观念、家庭观念极重,不回国、不顾家的极少。但也有受西方影响,不愿回国娶妻,或娶妻后弃如敝屣的。我伯父说,有一杨氏女,丈夫出国后,分文不寄回来,家里缺衣少食。杨氏虽不识字,但文思甚佳,她口授别人写了一首长诗寄与丈夫,文辞优美、押韵,一时传诵。可惜伯父只记得一句,就是“灶头生草惹黄蜂”。但只此一句,足窥全豹。丈夫得信后,不但无动于衷,反而托人写了几个字回来,就是“银仔成箩箩,金仔成个个,唔寄翻黎,奈我乜何!”

三、涸辙之鱼。抗战时期,华侨绝少回国,寄钱回来也不方便。1941 年香港沦陷,侨属经济来源断绝,幸亏她们平时节俭,略有积蓄,变卖金器买咸淡,种些蔬菜以佐膳,勉强度日。至于平时大手大脚,又要照顾娘家二老以及大串弟妹的,此时只好依靠夫家叔伯,直到抗战胜利。

借儿配亲侨乡奇俗

姜永兴

广东省阳春县有一首侨俗歌谣《借儿配亲》,很有意思。

婆:借人儿子配姻缘,娶回新妇儿安然。限期三朝期已满,假结夫妻事办完。

媳:拍拍枕头眼望无,问句家娘仔去边(去哪儿)。

婆：出外行江做买卖，请媳耐心等下年。

媳：家娘做过后生先，咁好龙床睡一边。若有孩儿一两个，任君好耍十零年。

婆：你唔愿我都唔愿，亦知贤媳有挂牵。自古男儿走外埠，女儿无奈守家园。

这首“过番”歌谣，展示了近代侨乡的一种奇特婚俗，一个困于贫寒的家庭，儿子去海外，为续香火，支撑家庭，借别人儿子，娶来新媳妇。

我们说，一部近代华侨史，即是一部血泪史：近代华侨为生计，抛弃温馨家庭，以“猪仔”身份，涉洋渡海，闯荡外洋，从而演出了许多悲哀凄切、妻离子散的社会畸型现象：女方是“青春守生寡”，“双眼点泪叹远游”，男方是“去时小生弟，返时留白须”。歌谣对当时国事败坏、民不聊生，虽没有直接揭露，但通过婆媳对歌，对旧社会却作了强烈抨击。

华侨与祖庙

冼玉清

佛山祖庙大殿，有一个铁香炉，是旧金山华侨赠送的。炉上刻有谢词，全文为：

乔迁几载，服贾遐陬。鲸波利涉，雁序蒙庥。神贶敬答，聚宝千秋。鸿恩永在，百禄是道。

款署“光绪六年，旧金山东遂利号送，梁津词”。为什么旧金山华侨会送香炉给祖庙呢？

祖庙祀北帝，北帝是水神，这是许多人都知道的。香山黄芝在嘉庆二十三年(1818)撰的《粤小记》有云：

> 粤呼北帝庙为祖庙者，因粤为水国，而水者五行之始也。……居其始，所以为生民之本，祖者本始之谓也。

这样看来，祖庙就是原始海神的庙了。以前华侨出国，他们乘坐的是被称为“浮动地狱”的帆船，在惊涛骇浪里颠簸，自然会幻想有一位海神来庇护，这是他们对北帝特别崇敬的原因。

在美国旧金山附近，华侨也建有一间祖庙，古色古香，但是并不宏敞。庙前有一条小溪叫作北溪。每年阴历三月初三日，照例举行迎花炮大会，各地华侨都来参加，热闹非常。抢花炮也和佛山祖庙北帝诞日的情形一样，认为抢得头炮就“万事胜意”。

海外华侨连祖国的北帝也搬到外国，对祖国的祖庙也不曾忘怀，铸炉赠送佛山祖庙，正反映了时刻不忘祖国之心。

故乡的红头船

秦　牧

半个世纪以前，当我还是一个少年的时候，随父母侨居于新加坡。有一次搬家，新居恰好面对新加坡河。

我常常坐在骑楼，观赏新加坡河的一幅幅生动图景。那时的新加坡河，密密麻麻靠满了驳船。轮船到达海面，驳船就把货物转载到新加坡河。苦力把大米、咸杂、瓷器、土产之类的东西搁在肩膀上，搬运上岸，放进岸畔星罗棋布的货栈之中。

熙熙攘攘的新加坡河上，除了热闹的劳动场面以外，还有一个奇特的景观，吸引了我这个异邦少年的注意。那就是有一种船，船头漆成红色，并且画上两颗圆圆的大眼睛。木船本来就有点像浮出水面的鱼，画上这么一对眼睛，鱼的形象，就更为突出了。听长辈们说，这叫作“红头船”。当年海上没有轮船或者轮船还很少的时候，粤系的居民，就是乘坐这种红头船出洋，来到新加坡和东南亚各国的。20世纪30年代的红头船，倒不一定仍然常来往于祖国和新加坡之间，那大抵是当地居民“仿古法制”，藉以纪念先人，也用来驳运东西的一种产物。

“九·一八”事变之后不久，父亲破产了，我们一群兄弟姊妹随他回国。澄海的樟林镇，就是我们的故乡。初抵国门，觉得什么事都新鲜，都想接触，不久，我就把红头船的事情置之脑后了。

解放后，不断听到一些消息，说在潮汕一带，不断发掘出一些古代航海遗物，有一次还发掘出一条大体完整的几百年前的红头船的遗骸，不禁为之神往。想起几百年前，人们带着一点寒伧的行李，乘着简陋的红头船，以咸鱼、虾酱、酸菜、腌萝卜送饭，在风浪中飘泊，分别到达当时的安南、暹罗、东印度群岛、新加坡、马来亚的情景，是需要多么大的勇气和毅力啊!这些人，也就是东南亚各国土生华人的祖先了。马六甲那儿的古老的华人坟墓，石碑上的纪年，不但有清初的，也还有明代的呢!

后来读了一些史料，又有了新的收获，知道我的家乡樟林，原来在汕头未开埠以前，已经是一个著名的港口了。清初，由于海外贸易的需要，它渐渐崛起，那时它河道宽阔，离海又近，在康熙、雍正、乾隆、嘉庆之世，变成了一个热闹的城镇，粤东以至福建许多地方，人们都到这儿集中乘红头船出洋。以后，汕头开埠了，它才逐渐没落。

1985 年我访问新加坡的时候，看到了童年时代熟悉的新加坡河，河面上已经连一条木船的影子也没有了！因为海上轮船直接卸货，已经无需经过驳船。这种景象,也使我想起了故乡的沧桑,世间的事物是多么变动不居啊!

美国第一个汉学讲座——丁龙讲座

杨安尧

美国大学里通常设立的所谓讲座多为纪念性质,由私人捐助巨资,投资生息,每年将利息所得为该讲座教授的薪金。目前在发达国家兴起了一股汉学热,各地的名牌大学纷纷开设汉学课程和汉学讲座。丁龙讲座是美国第一个以特别基金设立的汉学讲座。

丁龙讲座设立于哥伦比亚大学。丁龙原是一早期华工,他受雇于美国卡本迪(1825—1918)将军为仆多年。他诚实勤劳,深得主人的信任和敬重,当其退休之时,卡将军赠予巨资(约2万美元)为退休费。丁龙在坚辞不准后,即将全款转赠哥伦比亚大学为研究中国文化之用。卡将军为丁龙的举动所感动,于是加捐巨款,共计十万美元为哥伦比亚大学特设丁龙讲座,以纪念这位出色的中国工人。于是以丁龙讲座为中心,汉学逐渐在美国兴起。夏德教授是哥大第一位丁龙讲座教授,并著有《中国上古史》。中国知名学者胡适先生，在1915年转学哥大后，选修了夏德教授执教的汉学。

丁龙讲座自设立以来近一个世纪中，培养了不少汉学专家，对于传播中华文化，让更多美国人了解中国文明，为增进中美两国之间的友谊起了显著的作用。

华侨伍于念

杨安尧

伍于念生于1862年，广东台山县人。他自小学习中医，对《内经》、《本草纲目》等医典，有很深的研究，掌握了不少中医术。1887年，他被美国当时的淘金热所吸引，远渡重洋，来到美国俄勒冈州的约翰德金矿谋生。

俄勒冈的约翰德，正处于开发时期，生活条件和自然环境都非常恶劣，经常出现各种疾病。患病的矿工得不到治疗，往往日久病重而死亡。伍于念眼看着工友有病无人医，便毅然放弃淘金，以行医为业，用在祖国学就的医术为华工治病。1918年，俄勒冈东部地区发生流感，夺去了上万人的生命。伍于念在这危难关头，四处奔波，寻找中草药，为病人诊治，使无数患者转危为安。他为人治病，贫富有别，对贫苦人往往分文不取，而对富人，则按实论价。伍于念精于治疗败血症、脑膜炎、风湿、腮腺炎、胃病等。他有妙手回春的医术，又有扶死救伤的医德，得到当地华侨和白人的赞颂。

伍于念为了便于病人来求医，用石头建起了一间简易诊所“金华成楼”。该楼位于今约翰德市公园内。为了纪念伍于念和华侨对俄勒冈东部所作的贡献，1967年重新修复“金华成楼”，并作为展览馆，对游人开放。在修复期间，曾发现楼内尚有五百多种遗留下来的中草药。

罗斯福曾任安良堂的律师

张兴汉

司徒美堂是安良堂的总理，为了保护安良堂会员的利益，特地雇请富兰克林·德·罗斯福任常年律师。因此，司徒美堂与罗斯福结成了亲密朋友。罗斯福任安良堂法律顾问达二十年之久，直至他被选为纽约州长以及后来担任美国总统，才辞去安良堂的法律顾问职务。罗斯福担任总统后，还与司徒美堂保持着密切的联系。每当华侨有事情请他帮忙，只要司徒美堂写信给他，罗斯福总统总是热情帮助和解决。

1932年，“一.二八”上海淞沪抗战，纽约和全美的华侨上街集会抗议，募捐救国。安良堂组织抗日宣传队，在街头募捐演出。正在募捐的时候,几个美国警察走过去,驱赶宣传队,并且抓走两名宣传队员。此事发生后,司徒美堂亲自驱车到纽约州长办公厅所在地寻访州长罗斯福。司徒美堂来到州府大楼,被侍卫拒绝在门外。在他再三要求之下,门卫请示了州长,罗斯福听到司徒美堂求见,立即告诉门卫说:“司徒先生是我的朋友,请他进来!”这件事在罗斯福的亲自过问下得以解决。

司徒美堂日夜奔走,发动侨众募捐救国。一天,他接到旧金山“全美救总”来电:在旧金山码头发现一艘希腊商船施祥罗司号,装运废钢铁二千五百吨,准备启航赴日。请你们密切注视沿海港口,严防开往日本。

当天下午,司徒美堂向罗斯福总统告急,请求他禁止向日本输出军火,罗斯福总统接电后,立即向国会提案,经国会通过,授权罗斯福总统下令禁止军火物资赴日。当罗斯福总统发出禁运通电之后,全美华侨迅速行动起来,禁止垄断资本家向日本军国主义者出售战争物资和武器。

旧金山各行各业的华侨放下手中的工具,华侨商店关门闭户,侨校学生冲出校门,妇女走上街头。侨胞们涌向码头,把施祥罗司号货轮团团围住,迫使其停止装货,制止废铁上船。

美国人民也参加了这场斗争。“美国中国之友社”和“在美救联会”共同组织了支持华侨阻止美国垄断公司把可以改制成杀人武器的废铁

和军需品出售给日本的行动。

在罗斯福总统和美国友人的支持下，禁止向日本运输军火的斗争取得巨大的胜利。

司徒美堂与蔡廷锴

张兴汉

淞沪抗战停火之后，司徒美堂决定亲自回国。一则，把侨胞的捐款和物资带回上海，慰问十九路军，二则进一步了解上海抗战的事态发展。1932 年 4 月，司徒美堂领着慰问团几位代表，携带着慰问物资，回到上海。回国前夕，他们先给十九路军蔡廷锴将军电汇一笔劳军款。

在上海，司徒美堂住在四川路横浜桥南粤旅馆。一位广东老乡店主见到久闻大名的司徒美堂先生，十分尊敬，格外亲热。因为十九路军官兵大都是广东籍人，蔡廷锴将军又是广东人，而广东人在上海做生意的大多数聚居在四川路横浜桥一带，这里也成了十九路军将士与广东乡亲联络的交通站。“一·二八”以来，不少海外侨胞通过广东老乡把捐款转给十九路军，因此，每当假日，十九路军官兵常来老乡家里闲聊做客。司徒美堂住在南粤旅馆，从中获悉十九路军的总部所在和一些情况。

翌日，司徒美堂派人与十九路军取得联系

后，蔡廷锴将军当即派车接他们来到真如的范庄军部，彼此一见如故，亲热无间。5月16日那天，在军部召开了"一·二八"淞沪抗战阵亡将士追悼大会，司徒美堂代表美洲华侨献了花圈。追悼会上何香凝女士讲话时，激动得放声大哭。全场气氛十分悲壮。会后，何香凝女士与司徒美堂互相勉励，要为抗日出力。劳军结束后，司徒美堂准备回粤省亲，临行前与蔡廷锴告别时，知悉蔡要调闽"剿共"，蔡为此闷闷不乐。司徒美堂劝慰他，说日后如有难处可去美国，两人就此握别。

不久，蔡廷锴被调防福建，随即高举抗日大旗，建立抗日政权，组织反蒋的人民革命政府。南京政府为消灭抗日革命民主政权，不断轰炸福州。蔡将军目睹大势已去，决定远去海外。

1934年春，司徒美堂接到香港陈铭枢的急电：说蔡廷锴欲访美，能否保护？司徒美堂立即复电，表示热烈欢迎。蔡廷锴访美的消息传到美国后，广东侨胞非常高兴。司徒美堂亲自向各大城市的安良堂布置保安任务。自8月28日起，蔡在美期间，访问了几十个城市。司徒美堂从始至终当他的保镖，使蔡将军顺利完成了这次访问。

武德“绿绮台”琴小史

萧　元

唐琴“绿绮台”有二，一为武德二年(619)制，一为大历四年(769)制。

大历琴原为陈子壮弟子升所藏。明桂王朱由榔立于邕州，拜子升为兵部给事中。永历西奔时，子升正奉命东行，久经流离，始得归里。殁后，其所藏“绿绮台”及“凤凰”二琴下落，迄无可考。

武德“绿绮台”为广东四大名琴(“绿绮台”、“天蠁”、“春雷”、“秋波”)之一，原为明武宗朱厚照御琴，后赐大臣刘某。琴底颈部刻隶书“绿绮台”三字，龙池右侧刻有“唐武德二年制”六字。琴仲尼式，黑漆，日久呈黝赭色。通身交错呈蛇腹、牛毛、冰裂、流水、梅花等断纹，琴首尾两端已朽。明末，邝露得诸刘家。顺治七年(1650)清兵入粤，邝露与诸将坚守广州凡十阅月。城陷，露端坐海雪堂，环列唐琴珍玩以殉。琴为清兵所得，鬻于市，归善(今惠阳)叶犹龙以百金得之。暇日，集名流泛舟丰湖，出“绿绮台”命客一弹再鼓。座中梁佩兰、屈大均、今释等皆掩涕，赋长歌。今释为之序，有“此邝中翰湛若琴也。中翰死于兵，家贫暂典，力不能赎，叶锦衣德备赎之”等语。屈大均作长歌，中云：“顾谓双鬟陈绿绮，一时宾客皆倾耳。言是中书邝子琴，珠徽如月寒光起。梅花千个断龙鳞，沈香一节烧鸾尾。制自唐朝武德年，隐隐金书御玺连。毅皇亲向宫中选，赐与刘卿世世传。”盖纪实也。后琴归马平杨氏，杨氏旋寄籍番禺。会咸丰八年(1858)太平军兴。其裔杨小遂将琴托管于陈氏，陈氏转典于可园主人张敬修质库。张氏既得“绿绮台”，大喜，赋七绝四章纪其事，并于可园筑绿绮台藏之。

辛亥革命后，张家陵替，琴为邓尔雅氏所得。1922 年，军阀据粤，邓氏避地香港，携琴以俱。1929 年复筑绿绮园于大埔为藏琴之所。1944 年 7 月，园为台风所毁，邓氏所蓄珍异俱亡，而“绿绮台”独岿然无恙。1954 年 9 月 6 日，邓氏病笃，弥留之际，犹抚琴依恋不舍，乃至最后一息。邓氏殁后，闻此琴仍藏其家。

“春雷”琴的下落

莫尚德

“春雷”是广东四大名琴之一，据传是唐代所制。宋徽宗赵佶藏之于宣和殿，为万琴堂第一。后为金章宗完颜璟所得，又为昌明御府第一。章宗死后，以“春雷”琴殉葬。十八年后，章宗墓被盗，“春雷”复出人间，完好无损。宋周密称之为“天地间尤物”。

元时藏于承华殿，后为大臣耶律楚材所得，最后把“春雷”和种玉翁《悲风谱》一起赠与万松老人。自此，“春雷”有一段时间下落不明。

到清末民初，琴为广东收藏家何冠五所得。不久，何经商失败，藏品星散，“春雷”辗转流归番禺汪兆镛微尚斋，再转让给画家张大千，藏于巴西八德园。1981 年台湾电视剧剧《卓文君》剧中《凤求凰》一曲，就是由“春雷”弹出。同年底，张大千将“春雷”同他收藏的另一张宋琴“雪夜钟”送台湾历史博物馆展览。

苏轼《题灵峰寺壁》诗石刻

叶广良

灵洲山又名灵峰山，在广州西北小北江上。山虽不大，而古木参天，秀气蒸郁，广州旧志所称羊城八景之一“灵洲鳌负”(又名“金山古寺”)，即此地也。宋朝以前，山上有宝陀寺及妙高台、超然台、望气楼诸胜。北往南来官员、大贾，多假其寺院作迎送站，故香火兴盛。灵洲山古代原是一孤岛，而近二三百年来，北江淤塞，其北面已淤积成洲，与陆地相连。

宋元符三年(1100)十月，苏轼自海南获赦北归，系舟山下。午寐，梦上山吃糍团，觉后登山游览。山上一切，似曾相识。后与寺僧闲谈，知寺中已故主持德云和尚生前最喜吃糍团，遂有所感悟，以为已即德云后身，立题诗云：“灵峰山上宝陀寺，白发东坡又到来。前世德云今我是，依稀犹记妙高台。”东坡是年北归，年已六十五矣，被贬岭南已前后七年。

此诗，后由寺僧刻石山上。嗣以寺中失火，刻石被毁，至元泰定二年(1325)，重摹刻石于故处。至抗日战争前，犹嵌于妙高台亭壁间，为广州名石刻之一。广州沦陷，日军据寺作慰安所，将该石与明朱完所刻东坡像，及明成祖所赐袈裟一并掠去。正拟偷运返日，值日军投降而未果，石则弃置于小北登峰路一中学内。该石清末已断作上下两块，最近中学扩大校园，在山麓草丛中发见上半截一方。六百多年旧石，失而复得，殊属可喜。文物保管会认为下截诗石可能尚在附近。倘再得之，获睹全豹，实为大幸。

民国初年发现的南越大冢

黄淼章

20 世纪 40 年代出版的《广东文物》记载了一件轰动一时的古冢被掘案。1916 年，台山人黄葵石在东山龟岗建房，掘土丈余，发现一南越王遗冢，中有一堂之房，用坚厚香楠密布，木外护以木炭。内有大玉璧、铜鼎、铜壶、铜尊和半两铜钱，还发现有刻“甫五”、“甫六”等文字椁板。

古墓发现后，不少玉器铜器被民工拿走卖给古董商人。刻有文字的椁板被抛散于墓地四周，无人问津。后有人考证此墓年代是西汉，进而又有人考证其为“南越文王赵胡冢”，广州文庙奉祀官谭镳还上书朱庆澜省长请求将刻字椁板入藏孔庙，著名学者王国维也曾参予此墓的考证。于是，一经品题，身价百倍。好古之士和好奇者竞相拥到龟岗，椁板为奇货可居，不少收藏家以拥有一块为荣。后来，一些椁板流至香港，被收藏家视若拱璧，轻易不肯示人。

1983 年，在广州象岗发现了第二代南越王墓，出土了文帝行玺这一重要文物。从而使这个纠缠了近七十年的历史迷案有所了结：1916 年龟岗发现的大冢，墓主不是南越文王，而是南越王国中的高级贵族。

康王墓之谜

何国华

太平天国后期的将领康王汪海洋，被清军洋枪队射中牺牲之后，为了防人盗墓，军中备了几副空棺材，和装有遗体的棺材一起，分东、南、西、北方向抬出嘉应州城门埋葬。究竟葬在何处，当时已是一个谜。

事隔二年后，嘉应举人萧国香，偶于平远县遇一原太平军随军妇人，说康王遗体，就埋在嘉应州府署东的放生池附近。陪葬物颇多珍异，其垫棺砖四块亦为金铸。萧国香惊喜，急忙向州官周士俊上报。遂于中秋夜破土开挖至州署后堂，深达六七尺，已露出了石基，终不可得见，遂止。

端砚

涂家凤

端砚石产于广东肇庆高要之端溪，为我国砚材之冠，唐武德之世已名噪艺林。历朝文人墨客皆有诗赋或著文评述，如唐李长吉之颂砚名句“端州石工巧如神，踏天磨刀割紫云”，赞美之词，溢于笔墨。

端砚石名坑，大致分四洞，内中坑数不下数十种。一云水岩，即俗称老坑，自唐初已开采，内又分大西洞、旧苏坑、坑仔岩、麻子坑、白线岩等；一云正洞，内有大坑头、宋坑、蟾蜍坑、软石泽岩、硬石泽岩等；再次为小西洞，内有结白岩、朝敬岩、飞鼠岩、龙尾青岩等；最后为东洞，内有虎尾坑、砂皮坑、宣德岩等。水岩砚石为众坑之冠，所谓“隆冬极寒，他砚常冰，水岩独否”。“呵气研墨”。“天生子石，温润如玉，眼高而活，分布成象，磨之无声，贮水不耗，发墨而不损毫”。

唐宋时曾设砚务官驻守，每年贡砚若干，满贡则封穴，平民百姓不得盗采也。元时曾禁采，到明朝则时采时禁，清时才不施禁令。

水岩之石，四时皆为水浸，夏秋两季，水位上涨，连洞口皆淹没，故一年中只二三月方能施工采挖。出洞愈深，取愈难，费愈重。洞内坑道向下倾斜弯曲，石洞小于圭窦，石工裸入，坐卧偃侧其内，得石内传乎外，所谓“千夫挽绠，百夫运斤，篝火下縋，以出斯珍”。光绪中，张之洞曾开一次，号曰“张坑”，所费不资，然佳者亦得不少也。20世纪40年代，叶恭绰先生拟约人集资开办，后因故不果。

砚石色贵青紫，玉肌腻理，入手温润者为上品。各类石品尚有青花、鱼脑冻，蕉叶白、天青、冰纹、火捺、鸲鹆眼等，均石之精品。

石湾窑

钟 彝

佛山石湾半陶瓷器，初不为世所重。近百年来，始为中外鉴藏家珍视。以其胎质凝重，釉色变化多彩，人物造像栩栩如生；且头部及手足为原泥胎色，不敷釉彩，线条清晰，尤为日本人喜爱。故精品外流不少。其他制品亦雅致精美。其釉彩，明代以葱白、瓜皮绿及黑釉为多，清代则以麻酱釉、石榴红为贵。

故老相传，石湾窑之先为阳江窑。由于宋室南渡，中原人流徙至阳江者多，该地泥质与河南省钧窑相似。仿钧窑之器多作天蓝色，仍为宋代紫窑风格。后因泥源渐缺，乃迁至东莞。当时制品，仅仿古铜器如瓶、碟、香炉之类，底胎多钤

"南石堂"印。后由东莞再迁石湾,发展至今。有谓东莞窑出品,纯泥胎本色,不敷釉彩,由阳江迁至东莞之说不可靠。又有谓石湾窑始于晋代,因无古籍记载可据,迄无确论。

近年,政府重视工艺美术制作,大量雕塑美术人才参加石湾陶瓷工业生产,除改良操作、造型新颖之外,釉彩方面,重新发现湮没数百年之"结晶釉"。此釉呈鹅黄、淡红、浅褐、粉绿等色,不一而足;于珐琅质下呈现放射形结晶,重叠呈立体感。此釉一出,轰传中外,收藏家宝之。

中国文物的一场浩劫

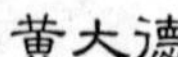
黄大德

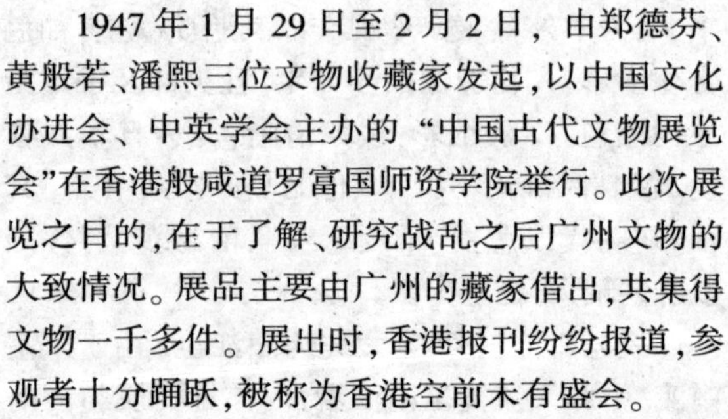
1947年1月29日至2月2日,由郑德芬、黄般若、潘熙三位文物收藏家发起,以中国文化协进会、中英学会主办的"中国古代文物展览会"在香港般咸道罗富国师资学院举行。此次展览之目的,在于了解、研究战乱之后广州文物的大致情况。展品主要由广州的藏家借出,共集得文物一千多件。展出时,香港报刊纷纷报道,参观者十分踊跃,被称为香港空前未有盛会。

展览结束后,藏家俱亲携展品乘搭西安轮返广州。距该船启航前一小时(4日凌晨四时五十分),船尾突然起火,瞬即全船浓烟密布,火光冲天。熟睡的乘客惊醒后，仓皇逃生者，均孑然一身。查此次火灾，遇难者一百二十七人，失踪者三十多人，受伤者三十多人。

参展的藏家郑芷湘、何冠五、莫元瓒、梁慧吾、钟仁阶、高燕如、黄般若、张谷雏等，虽幸能逃出火海，然所携之文物，除郑芷湘救出所藏古铜印和沙壶、黄般若救出两件古画外，余皆毁于大火之中。其中最珍贵者有：

宋刊本朱文公校《昌黎先生文集》四十卷。

宋刊本《秘传天禄阁寓言外史》八卷。

元至大本刊《重修宣和博古图》三十卷。

元刊本《九灵山房集》三十卷(明善堂安乐堂旧藏)。

明正统翻淳化本《后汉书》一百二十卷。

明刊本石室先生《丹渊集》四十卷(又拾遗及续编)。

明嘉靖刊《东坡集》四十卷，后集三十卷。

明嘉靖刊本《奏议》十五卷。

明嘉靖刊本《应诏集》十卷，续集十二卷。

明刻本《程氏》十五卷。

上述书籍，有八种为宋、元、明版之海内孤本。而古画更有丁云鹏山水人物花卉扇册，元代黄公望《仙馆儆金图》及夏山图轴，吴历山水册，王时敏青绿山水，王守仁画轴等。

清末香港的不缠足会

陈　谦

女子缠足陋习，由来已久。香港开埠之初，还有不少缠足妇女。但自男女交际公开后，宴会、舞会，每每夫妻出席，缠足妇女既感行动不便，也是毁肢体、伤天和，令人自惭形秽，亟求解放。

1898 年戊戌维新运动，康有为即已有《请禁妇女缠足以全肌肤而维俗化》的奏本，虽未能即时见于实行，而提倡解放缠足妇女，已开风气之先。

1900 年 2 月 26 日，香港华人俱乐部邀请港督卜力的秘书阿奇波德·列特尔夫人演讲，题为《论缠足之害》，随即组成不缠足会。不缠足会成立后，华人妇女响应最力。如庇理罗士女书院和香港汉文女子师范学堂师生，首先响应解放缠足，起倡导作用。

光绪二十七年(1901)清廷谕旨解放缠足，作为施行新政之一，而此时的香港早已取得初步成效了。到了辛亥革命以后，香港的不缠足会便不复存在。

诗人笔下的澳门番摊

涂　续

丘逢甲内渡后，回广东讲学。光绪二十六年(1900)春，他主讲潮阳金山书院，后受官方委托，去南洋调查侨民。经香港时，乘便游览澳门，写了一组《澳门杂诗》，共十五首。第十四首写当时的澳门赌场："银牌高署市门东，百万居然一掷中。谁向风尘劳物色?博徒自古有英雄。"诗末自注道："澳门赌馆最盛，门皆署银牌以招客。"

澳门的赌博业和广州的赌场气候是相关联的。广州风行赌"闱姓"时，澳门也赌"闱姓"。废科举后，"闱姓"赌博消歇，继起的是"番摊"。丘逢甲游历澳门，正好是李鸿章督粤，"番摊"风行之时，他在澳门所见的赌场，"皆署银牌以招

客”,当然是指“番摊”了。

辛亥革命后,清朝遗老汪慵叟到澳门做寓公,他所著的《澳门杂诗》中,也有两首咏赌诗。一首道:“弹棋六博剧欢娱,灯火楼台似画图。太息黄金掷虚牝,误人毕竟是摴蒲。”附识:“澳门赌馆林立,皆层楼崇敞,光怪陆离,供具无一不精,但入迷津,涸可立待。”另一首道:“轻车衢陌响辚辚,钏动花飞夜达晨。未必投壶同玉女,却看迎送有香轮。”附识:“妇女入赌馆,最为风俗之害,甚至有馆中备车迎送之者。”前一首写赌馆,后一首写女赌徒,为澳门留下了八十年前的印记。

“香港电影之父”黎民伟

曹思彬

香港铜锣湾区有一条“银幕街”,是为了纪念黎民伟而命名的。

黎民伟,广东新会人,出生于日本。他的父亲是商人,把他带回香港读书。18岁那年,他加入了同盟会,同时创办人我镜剧社,专演文明戏,积极宣传革命。后来又从事电影艺术,在香港建起了第一家中国人创办的电影院。曾上映《庄子试妻》一片,引起群众很大兴趣。片中黎民伟饰庄子妻,其妻严姗姗饰庄妻的侍女。1923年,黎民伟又创办了民新影片公司。先后拍摄过

《香港风景》、《香港足球赛》、《香港赛龙舟》等新闻纪录片。放映时大受欢迎。

抗日战争爆发后，民新影片公司被日本飞机炸毁,黎民伟毕生资产付之一炬,被迫携眷迁到湛江，后辗转到西南后方。抗战胜利后回香港,准备东山复起。因积劳成疾,于 1946 年病逝,终年 53 岁,闻者惜之。后来人们称他为“香港电影之父”。

香港茶居雇用女工之始

刘华庵

1925 年省港大罢工,香港茶居酒楼工人,热烈响应,纷纷离港返穗。因此,全港的茶居酒楼,一律闭门停业。经过三个月以后,香港当局以吊销营业牌照为要挟逼使茶居开市，一般地档茶居规模较小,无需多雇企堂,可由老板及家属代替,尚可应付。但大茶楼则情况不同,有些楼层多的,堂座广阔的,所用楼面工人自然要多些,这便使大茶楼的老板们大费踌躇。当时岭南茶楼的老板想起广州的软红茶室,全部雇用“女招待”,生意兴隆,他便以此取法,招雇香港的青年女工来代替“茶博士”,开张复业。因此,中环各茶楼如三多、高升,上环的武彝仙馆、富隆等,相率仿效,成为风气。

由于为了应急，而临时雇用女工，其工资自比原来男工提高，故茶价亦相应增加。但茶客方面，反而如云而来。

茶居复业后不久，铁行轮船公司买办、太平绅士黄屏荪却联络多人，入禀华民政务司，请求禁止茶楼雇用女工，大意说：

> 男女有别，礼教昭垂。古今中外，不能例外。茶居酒楼，雇用女员招待，招致狂蜂浪蝶，大启淫风，败坏礼教，实非鲜浅。应宜立即禁止。

香港当局为了应付罢工，对此并未申禁。由是，香港全埠之茶居、酒楼、餐室、茶室相继招雇女工，较广州尤为普遍。

偷拍“魔影”

黄秋耘

在秘密工作中，偷拍照片是一门重要的技术，最主要的当然是偷拍敌人的机密文件，其次是偷拍敌方特工人员和某些很少露脸的首脑人物，一张这样的照片往往有意想不到的价值。

抗战初期，日本驻港情报机关在香港湾仔地区设立了一座相当讲究的招待所，取名“千岁馆”。对外不公开营业，专门接待从各地前往香港跟日寇接头的汉奸。假如能够把这些汉奸的“尊容”一一拍摄下来，说不定有时会派上用场。当时我们已在想方设法去执行这一任务，难题是要在千岁馆大门附近找到一处安置摄影机的地方，在摄影机上面加上长焦距镜头和感光灵敏度特别强的胶卷，拍摄远处的人像，效果很好。

在千岁馆大门斜对面，有一座豪华的住宅，主人是位银行家。他的两位千金都是庇罗士女书院的学生，很爱国，参加了基督教青年会举办的救亡歌咏团。歌咏团的负责人卢君是我的好朋友，因此我很快就结识了她们，还时常一起去郊游和游泳。大家熟悉了，我明白告诉她们，想在她们家里拍摄几张千岁馆的照片，这两位小姐欣然允诺。有一天下午，我跟八路军驻港办事处副主任连贯同志一起去拜访她们，在她们的客厅里，凭借着窗帘的掩护，把十多二十个进出千岁馆的中国人形象都拍摄了下来。虽然有些是侧面像，但大体上都很清晰，可以辨认清楚。这两位小姐很好奇，总是想来参加拍摄工作，我却让她们去弹钢琴，我认为铿锵悦耳的琴音对我们的工作多少可以起点掩护作用。我们在那里一共偷拍过三次，取得五六十张照片，连贯同志也认为收获不少。但在同一处地方做秘密工作，不适宜过分频繁，否则就容易暴露，我就中止了这种有趣的游戏了。那两位小姐大概一直认为我是个业余摄影爱好者，她们无论如何也想像不到我们其实是八路军的情报军官。

后记

《粤海挥麈录》是《新编文史笔记》丛书广东分册，广东省文史研究馆主编。

岭南文化，源自中原。但由于偏处南疆，濒临大洋，华侨众多，海内外交流密切，因而具有传统中原文化与外来文化相融合的特点。粤海大地还孕育了中国资产阶级民主革命的先驱，在中国近、现代史上写下了光辉的一页。本书即反映上述特点的不同层面，补正史之遗缺。

按照《新编文史笔记》丛书的编写要求，本书选用“亲历、亲见、亲闻”资料为主要素材的稿件，有的虽非“三亲”资料，但实属罕见，弥足珍贵。书中设政海拾贝、艺苑丛谈、榕荫记逸、侨俗侨情、港澳旧闻等十个栏目，共收一百三十九篇稿件。文章多在千字以内，短小生动，题材涉猎广泛，以拾遗补缺的原则反映了粤地的历史人物、事件，文物名胜，风情民俗等，有较强的地区色彩。本书以白话文为主,但其中不乏文词雅丽的文言文和诗词,颇值一读。

在编写过程中,承蒙社会各界知名人士惠赐鸿篇,特别是得到著名作家秦牧、黄秋耘两位先生的大力支持,我们表示由衷的感谢。

由于水平有限,书中难免有疏误,敬请读者不吝赐教。

本书编委组成人员:李俊权、莫仲予、黄炳炎、陈小江、贾德坤、司芳、吕器、黄伟强、陈子殷。

编　者